中公文庫

回想の織田信長

フロイス「日本史」より

ルイス・フロイス
松田毅一／川崎桃太 編訳

中央公論新社

まえがき

戦国末期から織豊時代を経、徳川初期に至る一世紀は、我が国の長い歴史を通じ、もっとも波瀾に富んだ時代の一つであり、後世の読書人をしておよそ倦怠の念を抱かしめることのない興味津々たる史実に満ちている。なおまた、当代をしてことさらに感興を喚び起こさせる一因が、南蛮人と称せられた南ヨーロッパ人の渡来であり、初めて日本史が西洋史と密接な繋がりを持つに至ったことにあるといっても誰しも異存はなかろうと思われる。

南蛮人宣教師たちは織田信長や豊臣秀吉をはじめ、広く朝野の日本人と交渉を重ね、おびただしい文書を海外に書き送ったが、なかでもルイス・フロイスの著書「日本史」は、分量が厖大であるのみならず、その天分に恵まれた報告者としての素質が遺憾なく発揮されている点で、同僚の類似の記録の追随を許さぬものがある。だがその全貌が邦訳をもって紹介される日は相当遠い将来と考えざるを得ない。本書は同書のうち信長に関する記事の抜萃であるが、その生々しい十六世紀の記録は日本側の史料を補うところ多く、『信長公記』とともに原典ならではの迫力と精彩を放っていると言い得よう。

一九七三年五月一日

訳者識す

回想の織田信長　目次

III　信長とオルガンティーノ…………123

Ⅳ　安土山にて

回想の織田信長　フロイス「日本史」より

編訳者解説

一、ルイス・フロイス略伝

ルイス・フロイスは、一五三二（天文元）年にポルトガルの首都リスボンに生まれた。少年時代には王室秘書庁で働き、一五四八年二月（か三月）にリスボンでイエズス会に入会し、同年三月、インドに向かい、十月九日にゴアに達した。この地で早くも日本人ヤジロウ、ならびに日本にキリスト教を伝えたフランシスコ・ザビエルに逢ったことは、後年、「日本史」と題する初期日本キリスト教会史を執筆することになったのに鑑み、幸運でもあり宿命的なことでもあった。彼は日本伝道を志し、一五五四年にベルショール・ヌーネスとともにマラッカに赴いたが渡日できず、一五五七年にゴアに帰り、司祭に叙せられ、学院長や管区長の秘書として仕えたが、すでに上長は彼の才能を認め、一五五九年（二十七歳）、総長宛の報告書の中で、「あらゆる文章の仕事に優れ、判断力優秀、天性語学的才能あり」と記した。彼はゴアの管区長のもとでヨーロッパ向けの東亜の各地から来た報告書を取り扱う係であったから、日本の事情にもっとも通暁するを得た。

一五六三年七月六日、待望の日本に着き、西九州の横瀬浦に第一歩を印した。時に三十一歳である。ついで横瀬浦が破壊されたので平戸に近い度島に避難し、ここで十ヵ月、病魔と闘いながら同僚から難解な日本語および日本の風習を学び、一五六四年には平戸、口之津と転じた後、念願の京都へ旅立った。入京したのは一五六五年一月三十一日のことである。九州の素朴な漁夫に接してさえ日本人に対して讃辞を惜しまなかった彼は、首都にあって感動を禁じ得ず、その文筆の才は遺憾なく発揮された。だが保護者の足利将軍義輝が殺されたため、堺、尼崎、河内の各地で孤軍奮闘を余儀なくされた。その間、一五六八年、一世の傑物織田信長の入京となり、天下の形勢は一変し、彼は二条城において初対面以来、信長から大いに寵愛されるに至った。

一五七六年十二月三十一日、後任のオルガンティーノに中部日本布教長の職を譲って九州に転じ、豊後の臼杵を本拠として過ごした。一五八一年三月、ローマから巡察師として派遣されて来たヴァリニャーノの通訳として五畿内を訪れ、信長から絶大な歓迎を受けた。この際、彼は巡察師の命令によって同年五月には越前北庄（福井）へ足跡を伸ばしている。同年秋、九州に移った後、一五八二年六月、信長は本能寺で殪《たお》れた。彼は九州において日本副管区長の許にあって、ヴァリニャーノの改革による日本年報の執筆者となったが、ここに彼の晩年の運命を決する新使命が日本へもたらされた。すなわち一五七九年、イエズス会員マフェイが、ポルトガル国王ドン・エンリーケの依嘱によって『ポルトガル領東インド史』の編集に着手するや、すでにインドおよび日本からの通信者として知られていたルイス・フロイスを想起し、イエズス会総長に一書を認め、彼を布教の第一線から退かせて日本の布教史の著述に専念させるように依頼するところがあった。総長はこれを承諾し、インド管区巡察師ヴァリニャーノに指令を発した。フロイスが日本副管区長ガスパル・コエリュから「日本史」編述の命を受けたのは、一五八三（天正十一）年のことで、時に彼は島原半島の南端口之津にいたはずである。

フロイスは全力を傾倒して「日本史」の執筆に従事した。そして翌一五八四年には、長崎で第一部のうち「日本総論」を脱稿し、翌一五八五年六月十四日には、「日欧風習の対照」を加津佐で執筆した。さらに翌年三月、「日本史」第一部をほとんど完成した頃、副管区長の伴侶として五畿内への旅についた。彼はこの旅行の間、大坂城において関白秀吉に謁見を許された。そして帰路、下関に駐留する間、一五八六年十二月三十日に、「日本史」第一部を擱筆することができた。

一五八七年七月、豊臣秀吉は、「伴天連追放令」を発布し、副管区長は在日宣教師たちが平戸に集結するように命じたので、フロイスは、一度平戸に赴いた後、副管区長とともに有馬（一五八八年）、ついで加津佐（一五八九年）にいたり、一五九〇年からは長崎に定住した。彼はすでに六十歳に近く、もっぱら「日本史」第二部の完成に努め、一五九二年夏までに、一五八九年までを書き終えた。ついで一五九二年十月九日、巡察師ヴァリニャーノに伴われて南シナのマカオに赴いた。翌年一月十八日と十一月十二日付の総長宛の自筆書簡は、「日本史」の事情とフロイスの心境を知る上にきわめて重要である。とりわけ彼は、もっぱらヴァリニャーノの書記として執筆を続けていること、健康状態が悪いこと、巡察師は、マカオにおいて、「完成した……日本史」を推敲し検閲するために自分に携えて持参せしめたにもかかわらず、多忙を理由にそれを果さず、より短いものに纏めるようにと要望する。だが自分には不可能である。どうか原型のままでローマに送付できるよう総長のご尽力を乞う。しかし自分の余命はいくばくもない、と悲観的な懇願をした。

フロイスは一五九五年になって長崎に戻った。朝鮮の役、関白秀次の死、フランシスコ会宣教師の渡来、二十六聖人の殉教など、重大事件が相続き、彼は一五九五、六年度日本年報を執筆した後、一五九七年三月十五日付、「二十六聖人殉教事件」の報告書をもって、その多彩な文筆活動に終止符を打った。そして同年七月八日に、長崎で六十五歳にして息をひきとり、その地の教会墓地に葬られた。それに先立ち、「日本史」第三部は、一五九五、六年の項まで筆が進んでいたものと認められる。

二、日本布教報告書

日本で戦国末期から徳川時代の初期にかけてキリスト教の布教に従事した宣教師は、大別して、修道会に属した人と、いずれの修道会にも属さない人たちであった。そして修道会員は、イエズス会、フランシスコ会、ドミニコ会、アウグスチノ会のいずれかに属していた。また国籍から見れば、ポルトガル、スペイン、それにまだ近代国家として統一していなかったイタリア出身者がほとんどすべてを占め、例外的にフランス人、ポーランド人、フランドル（ベルギー）人が見られる。迫害時代に入ってからは日本人の宣教師もかなり多く現われたが、大部分は司祭ではなく修道士であった。修道会員は、日本での布教を初めから担当したイエズス会員が圧倒的で、もっとも多かった豊臣秀吉の晩年にあたる一五九一年に在日会員数は百四十二名を数え、とりわけ三分の二は修道士であった。イエズス会員についで多かったのはフランシスコ会員であるが、同会員はもっとも大勢いた一六一三年頃でも二十九名を数えたに過ぎない。

そのような事情のほかに、イエズス会員は他の修道会員とは比較にならぬほどおびただしい布教報告書を海外に送付したので、近世初期の在日外国人の記録といえば、イエズス会員の報告書がもっとも著名でもあり、高く評価されているのである。

イエズス会の初代総長イグナチウス・デ・ロヨラは、会の組織を固め、統一を守り、指導を徹底させるために通信の制度を定め、フランシスコ・ザビエル以来、東洋に赴いた会員は、伝道先からヨーロッパや各地の同僚に宛てて多数の書簡を送った。当時の航海は季節風に依ったために、日本に関して言えば、それらの報告書や通信は、北風が吹く十月とか二月といった秋から冬にかけてマカオ、マラッカ、ゴアへと送り出された。ところでそれら日本からの報告書は、他の布教地からの報告書以上に多大の関心と興味をもってヨーロッパで歓迎されたが、宣教師たちが個々に通信文を送ったのでは、海外の読者が真実を知るのに支障があることがわかり出した。すなわち、日本の国情は複雑であり、新たに渡来した者には理解しがたいことが多く、また宣教師たちの間における日本人観も、極端なばかりの鑽仰型から、反対に嫌悪侮蔑型まで種々様々であった。そこで一五七九年に来日した巡察師ヴァリニャーノは、日本からの通信制度を改め、個々の通信は、各地区長を経て、日本における修道会の上長（初めは布教長、ついで副管区長、後に管区長）の許に届けられ、上長に直属していた書記が、過ぐる一年間の各地での出来事を順序立て、新たに「日本年報」という名称のもとに纏めあげることとした。ルイス・フロイスは、この年報制度が制定される以前からも、盛んに筆を走らせてその名は海外でもあまねく知られていたが、一五八二年度からは年報執筆者となったので、ことに著名となるに至った。

これらのイエズス会員の報告書は、輸送途上における海難や事故を考慮して、文字通りの原文のほかに、日本で二、三通の写しがつくられ（他国語への翻訳文を含む）、別々の船で日本から送り出された。そしてゴアではさらに写しやラテン語、イタリア語などへの翻訳文が作製されたので、同一内容のものが一〇通あまりもヨーロッパへ届けられた。それらのうち日本で作られた原文は原則的にはローマの総長のもとへ送られ、他はポルトガル、スペインなどのイエズス会の学院や修道院に配布されたので、年々の日本布教事情は、海外に広く伝達されるに至った。しかもそれらは非常に好評を博し、キリスト教界において信仰を高めしめ、教化に役立つというので、ほとんどすべてのこの種の通信が各地で各国語をもって出版された。

ちなみにフロイスの報告書は、訳者の調査では現在、写本を含め三一七通が判明しており、とりわけ過半数にあたる一六二通は、イエズス会総長の書庫であるローマ・イエズス会文書館の所蔵するところである。フロイスの署名があるいわゆる原文は六四通あるが、そのうち五九通までは集中的に上記の文書館に見出され、ポルトガル、スペイン、イタリア、ヴァチカン、イギリスなどにあるフロイスの報告書はほとんどすべてが写本なのである。

三、「日本史」の構成と写本

既述のようにルイス・フロイスはその文筆の才を認められ、一五八三年からは「日本史」と題するザビエル以来の日本初期教会史を執筆することになった。彼は時には日に十時間もその著述の筆をとったと述べているように、この事業に心血を注いだ。そして「日本史」は三部作四巻として、一五九五、六年頃、すなわち彼が世を去る一、二年前頃の記述まで進行した。だが、上長のヴァリニャーノは、その著作があまりにも冗漫に過ぎるとして、ヨーロッパへ送付することを許可しなかったので、フロイスは悲嘆やる方なく、絶望のうちに他界したのであった。

ところでその「日本史」の原稿は実に数奇な運命を辿ることになった。同書は第一部が、「日本六十六国誌」および「日本総論」一巻と、一五四九年から一五七八年までの編年史、第二部は、一五七八年から一五八九年まで、第三部は、一五九〇年以降の編年史というように構成されていた。フロイスがこの「日本史」と題する大著をものしたことは早くから知られていたが、その所在は杳として知られなかった。それもそのはずで、実は原著は既述のような事情のために、南シナのマカオのイエズス会の学院内の書庫で埋もれたままになっていたのである。そして十八世紀になってポルトガル政府が海外にある同国関係の文書を謄写せしめた際に出現したが、原稿そのものはふたたび放置され、やがて湿気と虫や鼠のために破損して行き、あげくの果ては一八三五年一月二十六日、学院が火災を発した時に他の文書とともに烏有に帰したのであった。

したがって私たちが今日、フロイスの「日本史」に接し得るのは、もとより十八世紀にマカオで作製された写本によるのであるが、その写本が辿った運命がまた、きわめて変化に富んでいる。それを要約すると、一七二〇年に、ポルトガルでは勅令によって「王立ポルトガル史学士院」が設立され、同国関係の史料の謄写事業が始まった。そしてイエズス会員のジョゼフ・モンターニャは、その事業に参画し、マカオの文書館でイエズス会関係の古文書を謄写して学士院へ送付したが、フロイスの「日本史」は、彼独自の計画によって幾種類かに分割された。現存する写本から推察すると、フロイスの原文のまま第一部（冒頭の一巻は当時すでに紛失していたらしい）、第二部、第三部というように謄写したのが一セット、「ゴア、マラッカ」（一五六六年まで）、「マカオ」（一五八七年まで）、「日本」（一五八八年以降）の各司教区史史料集《アパラートス》として分割謄写されたのが二セットであったらしい。だがモンターニャは、いかなる理由からかわからないが、謄写に従事している間にシャムに転任を命ぜられ、同会員のジョアン・アルバレス修道士がその事業を引き受けた。だが彼はもはや学士院へ写本を送らず、リスボンの布教代理部へ送付した。そうこうするうちに、一七五〇年代に入り、ポルトガル政府はイエズス会の弾圧を開始したので、アルバレス修道士は、マカオの文書館にあった書類を四箱だけ、密かにマニラへ送り届けた。その中にはフロイス著「日本史」の第三部写本三六三枚と「日本司教区史史料集」があった。ところがスペイン政府も一七六七年からイエズス会に対する弾圧を始めたので、マカオからマニラに移された文書は官憲に没収されてスペインへ送られるに至った。

以上のような複雑な過程を経たので、フロイスの「日本史」の写本は、二十世紀に入って思いがけないところから、別々に発見された。リスボン西郊のアジュダ王宮図書館、ポルトガル海外史文書館、フランス、トゥルーズの故サルダ氏の文庫、ポルトガル国立図書館などがそれであって、それらをつなぎ合わせると、冒頭の一巻と末尾を除き、いちおう、一五四九年から一五九三年までの編年史が継続して出現したことになる。訳者は幸いにしてその一連の写本をフィルムで蒐集するを得たのであるが、現存するものだけで「日本史」は三三八章、モンターニャの写本で一二一四枚の大冊である。ただしサルダ氏のもとで自ら撮影された中村拓博士のフィルムでは、解読不可能な部分が相当多く、「日本史」を全訳することは不可能であった。しかも昭和の初年にフランスのサルダ文庫で発見されたその写本は、その後、所蔵者が他界され競売に付された由で行方不明となった。

筆者（松田）は一九六七（昭和四十二）年に「フロイス文書の研究」をもって学位を得たその三年後、ポルトガルに滞在中、所属する国立海外史研究所において、久しく所在が不明となっていた旧サルダ本が、リスボンの国立図書館の所有するところであるとの情報に接した。そこで勇躍して出かけたところ突如心臓の発作で倒れ救急車で運ばれるという事故を生じてしまったので目的を達するを得なかった。越えて一九七四（昭和四十九）年、同僚であるもう一人の訳者川崎教授がポルトガルに滞在されることになったので、国立図書館において旧サルダ本の探索を切に願っておいたところ、ポルトガル語に精通しておられる教授は、某日、ついに待望久しい旧サルダ本を見出し、許可を得て撮影させることに成功した。かくて私どもは「フロイス・日本史」の全文を完訳できることになったが、それは一九七五年のことである。本書初版（一九七三年）の「まえがき」に、この浩瀚な書が全訳される日は遠い将来と記したのはそのためである。

ところで本書は「日本史」のうち「織田信長」に関する記事を抜萃したもので、同書の第一部と第二部にわたっている。したがって他社から「フロイスの日本史」の訳本が出ているが、それは第一部だけは一九二六（昭和元）年にドイツ語の訳本が出版されているので、同書からの重訳本に過ぎず、信長晩年の活動や本能寺の変・山崎合戦等々興味深い部分は掲載されていない。第二部のそうした章が記されているのは、リスボンの「海外史文書館」の一写本であり、邦訳は、本書をもって嚆矢とする。なお私どもの「日本史」の文字通りの全訳本については後述する。

四、織豊時代の研究資料として

ルイス・フロイスの書簡と著作は、織豊時代の研究に不可欠のものであり、高く評価されてしかるべきものである。その理由は数多く挙げられるが、第一に、何といっても三十有余年にわたって当時日本に在住した人の生々しい記録であるから、第一次史料ならではの信憑性がある。第二に、彼フロイスは、足利将軍義輝、義昭、織田信長、豊臣秀吉をはじめとする政権の座にあった人々から、宣教師という職務上、名もなき庶民に至るまで、貴賤貧富の別なく各種各層の日本人と広く交際をした。のみならず、その足跡は、東は尾張、美濃、越前、西は九州の果てに及んでいるし、日本年報の執筆者として、各地から送付されて来る諸報告をすべて閲覧し整理する立場にあったから、当代の在日宣教師の間ではもっとも日本通を自他ともに認める人物であった。第三に挙ぐべきは、既述のように天性文筆の才能に恵まれ、万事を詳細に記録したことで、上長ヴァリニャーノから冗漫に過ぎるとして酷評されたほどであるが、現今、当代史の研究者にとっては、詳細であることはむしろ歓迎さるべきことで、数多い邦文献に記されていない数々の史実をフロイスの文書に見出すことができる。さらに彼は異国人として、日本人が日常茶飯のこととして筆録しなかったことも、大いなる好奇心に駆られ、深い興味をもって描写した。以上の諸点はいずれもフロイスの文書の長所として誰しも認めざるを得ないであろう。

しかしながら、その文書には明らかに欠陥なり短所というべきものがある。その第一は、フロイスは外国人の常としてしばしば一般的な偏見錯視に陥ったきらいがあるほかに、キリスト教の布教熱に燃えて来日した人であったから、見聞するところ、すべてがすべてキリスト教に立脚し、その独善的で偏狭な記述は、時に読者をして失笑せしめずにはおかぬであろう。換言すれば、自画自讃、キリシタン宗一辺倒というも過言ではない。だが、その点は、フロイスの身分なり環境を知れば容易に判別できることであり、しかもそれは事、キリスト教に関することのみであって、本能寺の変、文禄の役といった日本の政変や、日本の風物、日本人の性格、風習といったことに関する記述は、客観性があって、長短両所が混在しているのである。キリスト教に関し、讃美せんとするのあまり、しばしばその記事が誇張されていることも一読して明らかに指摘できるであろう。

第二に、フロイスは、ヨーロッパの読者に教化的な報告書を執筆することを使命としていたことを知らねばならない。彼の報告書は、総長に直訴したような特別な書状を別として、一般に読まれ、印刷し公刊される性格のものであったから、そこには教会内部のスキャンダルや、修道会員の間の機密に属することなどはいっさい書かれていない。換言すれば、初期の日本教会史の一面を詳述したにとどまるのであって、事実ヨーロッパへ数多く送付された機密書類をあわせ繙かぬかぎり、キリシタン史の真相や宣教師の企図なり諸見解はフロイスの文書からは明らかにし得ない。公開性のフロイスの諸報告とコントラストをなす、当時在日した宣教師の機密報告については、ヴァリニャーノ著『日本巡察記』（松田毅一他訳、平凡社、昭和四十八年）に詳しいので、参照いただければ幸いである。

フロイスの文書には、以上のような欠陥が指摘されはするが、それらは同文書の非凡の長所を傷つけるものではない。何はともあれ、自らの晩年を捧げて成就しながら刊行される見込みもなく、悲嘆のうちに世を去ったフロイスであるが、四世紀を経、奇しくも世界各地を転々とした写本が（フィルムで）日本に集められ、原文の復刻本よりも四年早く、全十二巻をもって中央公論社より刊行を完うすることができた。在天のフロイスの霊は慰められることであろうと思う。

なお、中公新書には、別に拙著『南蛮史料の発見——よみがえる信長時代』が収められており、あわせてご高覧の栄を賜れば幸いである。

（一九九一年三月、修正補遺）

凡　例

一、本書は、フロイス著「日本史」（História de Japam）の第一部および第二部のうち織田信長に関する部分を抽出したものである。第一部ではかなりの記事を割愛したが、第二部からは信長に関しては全文を掲載した。

二、第一部のテキストは、ポルトガル国、アジュダ図書館の Cód. 49-IV-54. 第二部は、同国、海外史文書館 Arquivo Histórico Ultramarino. Cód. 1659 である。

三、原文には“digo”として、前後に同じような表現が併記されていることがしばしばある。これは往時、謄写人が、写し間違えた際に、現今のように消して書き直すことをせず、“digo”として次に正しく記す習慣があったからであり、本訳に際しては訂正した方の訳語、または訳文のみとした。

四、“senhor”,“casa”には種々の意味があるので、その箇所にふさわしいと思われる訳語を当てた。また、片仮名のルビは、原語がローマ字日本語か欧語である場合に用い、平仮名は日本語の難読語に付した。〔　〕は原文の、（　）は訳者の補足である。

五、略語

C I = Cartas qve os Padres e Irmãos da Companhia de Jesus……. Primero Tomo. Evora. 1598. ff. 481.

C II = Segunda Parte das Cartas de Japão……. Evora. 1598. ff. 267.

九ページ。

『信公』＝『信長公記』、桑田忠親校注、人物往来社、戦国史料叢書、一九六五年、三八九ページ。

『総見記』＝別名『織田軍記』通俗日本全史、巻七、一九一三年、三九六ページ。

『大日』＝『大日本史料』、東京大学史料編纂所。
六、暦日の冒頭に付した「洋」は洋暦、「邦」は邦暦を指す。
七、注の文献の記載など簡略化したところがあるが、松田毅一著『近世初期日本関係・南蛮史料の研究』風間書房、昭和四十二年、一四一九ページを参照されたい。
八、"Padre"の訳語には、司祭、伴天連などを当てた。「神父」という語句が普及しているが、それを用いれば、"Irmão"には「神弟」を当てねばならず、いかにも奇妙である。古くは「伴天連」（『信長公記』）、「はてんれん」（『御湯殿上の日記』）、「ハテレン」（『当代記』）などと記された。

I　回想の信長

第一章（第一部八三章）

信長の素性、およびその性格、権勢、富、ならびに彼が到達した顕位と公方様の復位について

信長[*1]は尾張の国の三分の二の主君なる殿《トノ》（信秀）の第二子[*2]であった。彼は天下[*3]を統治し始めた時には三十七歳くらい[*4]であったろう。彼は中くらいの背丈で、華奢な体軀であり、髯は少なくはなはだ声は快調で、極度に戦《いくさ》を好み、軍事的修練にいそしみ、名誉心に富み、正義において厳格であった。彼は自らに加えられた侮辱に対しては懲罰せずにはおかなかった。幾つかのことでは人情味と慈愛を示した。彼の睡眠時間は短く早朝

に起床した。貪欲でなく、はなはだ決断を秘め、[*6]戦術にきわめて老練で、非常に性急であり、[*7]激昂はするが、平素はそうでもなかった。彼はわずかしか、またはほとんどまったく家臣の忠言に従わず、一同からきわめて畏敬されていた。酒を飲まず、食を節し、人の取扱いにはきわめて率直で、自らの見解に尊大であった。彼は日本のすべての王侯を軽蔑し、下僚に対するように肩の上から彼らに話をした。そして人々は彼に絶対君主に対するように服従した。彼は戦運が己れに背いても心気広闊、忍耐強かった。彼は善き理性と明晰な判断力を有し、神《カミ》および仏《ホトケ》のいっさいの礼拝、尊崇、ならびにあらゆる異教的占卜や迷信的慣習の軽蔑者であった。形だけは当初法華宗に属しているような態度を示したが、顕位に就いて後は尊大にすべての偶像を見下げ、若干の点、禅宗の見解に従い、霊魂の不滅、来世の賞罰などはないと見なした。彼は自邸においてきわめて清潔であり、自己のあらゆることをすこぶる丹念に仕上げ、対談の際、遷延することや、だらだらした前置きを嫌い、ごく卑賤の家来とも親しく話をした。彼が格別愛好したのは著名な茶の湯《チャノユ》の器、良馬、刀剣、鷹狩りであり、目前で身分の高い者も低い者も裸体で相撲《ルタール》をとらせることをはなはだ好んだ。[*8]何ぴとも武器を携えて彼の前に罷り出ることを許さなかった。彼は少しく憂鬱な面影を有し、困難な企てに着手するに当ってははなはだ大胆不敵で、万事において人々は彼の言葉に服従した。

彼の父が尾張で瀕死になった時、彼は父の生命について祈禱することを仏僧らに願い、父が病気から回復するかどうか訊ねた。彼らは彼が回復するであろうと保証した。しかるに彼は数日後に世を去った。そこで信長は仏僧らをある寺院に監禁し、外から戸を締め、貴僧らは父の健康について虚偽を申し立てたから、今や自らの生命につきさらに念を入れて偶像に祈るがよい、と言い、そして彼らを外から包囲した後、彼らのうち数人を射殺せしめた。*9

彼は好戦的で傲慢不遜であったから、兄が父の相続において自分に優先することが堪えられなかった。そこで目的を果すため病気を装って数日床につき、兄が見舞いに来ないと母親に訴えた。兄は欺瞞を恐れてそうしなかったのであるが、彼の激しい督促によってついに訪問した。その際、彼は脈を見てもらうために左手を差し出し、兄がそれをとった時、彼は大いなる迅速さをもってすでに用意してあった短刀をつかみ、その場でただちに兄を殺した。*10

彼は織田家を掌握した後、同国の三分の一を所有する他の一人の殿に対して戦いを行ない、容易に彼を追放して尾張国の絶対君主となった。

だが彼は（隣国をも）支配しようと欲していたので、突如、尾張に接する美濃国に対する攻撃を遅怠なく準備した。彼が陣営を構え、美濃国主（斎藤龍興）も同様になした後、彼は戦略を用いた。彼は夜間、家臣のほとんど半ばを退かせ、大いなる夜陰に乗じ、敵を七、八里*11側面から迂回して、彼らを密かに美濃国主の背後に配置し、その際、敵方の家来の印しがついた旗を作らせておいた。美濃国主は眼前の信長の陣営を密かに偵察せしめ、自分の部下がはるかに優勢であることを聞いて攻撃した。しかるに彼が進撃を開始した時、信長も彼の背後に移動した。敵のこの動きから、彼の背後に生じ得る事態について国主はいささかも懸念しておらず、むしろ彼はその軍勢を見、味方の旗を認めると非常に喜び、目前の敵を攻撃することにのみいっそう夢中になった。ところが両軍が刃を交え始めた頃、信長がやって来て彼を挟撃し、その多数の部下を殺し、軍勢に打撃を加えた後、ただちに美濃の主城へ突進し、かくてすべては難なく信長に帰服した。こうして彼は美濃国を獲得したのである。ところが美濃国主は非常に苦労して騎馬で従った数名のわずかな貴人とともに脱出し、都《ミヤコ》*12に逃れ、同所も安全でないと見て、日本のすべての追放人にとって避難所である堺に赴いた。

殺された公方様（足利義輝）には、僧侶で、大和国奈良の一寺（興福寺一乗院）の長老である弟（覚慶）があった。兄には嗣子がなかったので、その職位を継承する権利は彼に属した。しかし彼は（松永）霜台《ソウタイ》（久秀）*13に殺されるかも知れぬことを案じ、同寺院から脱出して甲賀《コカ》の和田（惟政）*14の家に赴き、彼に日本の諸国主の許で事態を促進するように懇請した。そして彼に、自分が将軍職に就任すれば、彼を大侯に任ずると約束した。和田殿は、日本で高く評価される名誉を厳守することからも、また約束に対する期待からも、彼、および彼が伴った家臣や貴人を扶養するために、自らの采邑を売却した。四ヵ年にわたり和田殿は彼を同家でこの支出によって扶養し、この全期間、つねに諸君侯の館で彼を将軍職に任命させるよう駆り立てるべく諸国に赴いた。ことに彼は越前国主朝倉殿《アサクラドノ》（義景）、近江国主六角殿《ロッカクドノ》（義賢）の許で、これをなした。彼らはこの使命を引き受けることは大いに名誉になり名声をもたらし得ると認めはしたが、それから生ずべき冗費、危険、困難が多大であることを察してこれを拒絶し、そのような難事をあえて担当するつもりはないと述べた。

そこで和田殿は信長の許に赴いた。彼は勇敢で豪毅な人物であったので、ただちにこの企画を引き受け、難事を克服し排除して、復位のことをはなはだ容易にした。公方様（足利義昭）は彼のところに至り、両者はその準備をした。都に赴くために軍勢は近江国を通過する必要があった。六角殿は、一つには信長に対する恐怖から、またこの企画を自ら先に拒絶したことを恥じていたので、その通過を拒もうと考えた。そこで信長は彼の二ヵ国および隣接の地方から大軍勢を駆り集め、恐れることなく近江国に侵入し、国主がその二人の成人した息子たちとともにいた観音寺《クワンノンジ》城を直接に攻撃した。同城は人間の考えでは陥落しそうに思えなかったが、彼は武力によって侵入し、これを征服した。国主は二人の息子たちとともに逃走し、信長は城を強襲した際に千五百人以上を失ったが、同国の大部分の支配者となるに至った。[*15]

この突然の決断と勇敢な行為は、山城、津の国《ツノクニ》[*16]、河内、和泉、大和、丹波の諸国に大いなる驚嘆を呼び起し、これらの諸国は、その勝利の容易さ、また彼が公方様を復位させるために示して来た権勢と豪華さを目撃して彼に降伏した。かくて彼は大いなる勝鬨を挙げて入京し、*17 新しい公方様をその位に就任せしめた。彼は五万人以上を率いて来たので、公方様、ならびにすべての家臣を都内外の寺院に宿泊せしめ、公方様を、先にその兄が殺された同じ場所で再任し、かつ住まわせようと決意した。だがそこには住むべき家《カーザス》がなかったので、彼は二つの寺院を接収し、ひとまずそこに彼を住まわすことにした。そして彼は公方様のために新たな城とはなはだ広大で華麗な建築の宮殿を造った。彼はそのために三街の面積の地所を収用し、建築作業に従事するために日本の諸侯およびすべての貴族が集まったので、通常二万五千人が働き、少ない時でも一万五千人を数えたという。信長は籐《カンナ》の杖を手にして作業を指図した。建築用の石が欠乏していたので、彼は多数の石像を倒し、頸に縄をつけて工事場に引かしめた。都の住民はこれらの偶像を畏敬していたので、それは彼らに驚嘆と恐怖の念を生ぜしめた。領主の一人は、部下を率い、各寺院から毎日一定数の石を搬出させた。人々はもっぱら信長を喜ばせることを欲したので、少しもその意に背くことなく石の祭壇を破壊し、仏《ホトケ》を地上に投げ倒し、粉砕したものを運んで来た。他の者は濠を拓き、また他の者は石を運んだり、山中へ木材を伐りに行ったので、まるでカルタゴ市におけるディドの建築工事の絵を見るようであった。

彼はまた公方様の台所に大きい煖炉を造らせ、その入口の両側には寺院から取って来た双手を挙げている二基の石像の仏を立てさせ、これら仏の頭上に、米を炊き湯を沸かす大鍋を置いた。

彼は吊り上げ橋がある非常に大きく美しい濠を造り、その中に種々の多数の大小の鳥を入れた。彼はその濠に三つの広大でよくしつらえた入口を設け、その見張所と砦を築いた。そして内部には第二のより狭い濠があり、その先にははなはだ完全に作られた非常に美しく広い中庭があった。

建築中、彼は市《まち》の内外の寺院で鐘を撞くことを禁じ、ただ一つ、人々を参集し解散させる目的で城中に置いたものだけ撞くことを命じた。その鐘が鳴るとすべての殿たちは部下とともに、ただちに鋤およびその他必要な道具を手にして建物の下で命令に応じるよう準備した。

信長は、ほとんどつねに坐るために虎皮を腰に巻き、粗末な衣服を着用しており、彼の例に倣ってすべての殿および家臣の大部分は労働のために皮衣を着け、建築の続行中は、何ぴとも彼の前へ美しい宮廷風の衣裳をまとって出る者はなかった。

建築を見物しようと望む者は、男も女もすべて草履をぬぐこともなく彼の前を通る自由が与えられた。ところでかつて建築作業を行なっていた間に、一兵士が戯れに一貴婦人の顔を見ようとして、その被り物を少し上げたことがあった時、信長はたまたまそれを目撃し、ただちに一同の面前で手ずからそこで彼の首を刎ねた。

だがこの建築の際、きわめて驚くべきことは、彼が信じることができぬほどの短期間にそれを成就したことである。すなわち少なくとも二、三年はかかると思われたものを、彼はほとんどすべてを七十日間で完成した。[18]（中略）

信長が公方様を都へ連れ戻すと聞くと、六条（本圀寺）の僧侶たちは、先手を打って、美濃と尾張に赴き、軍勢が都に来た際、いとも著名で毀損されたことがないその寺院が、なんら煩わされることなく、また宿舎として使用されることのないための特許状を獲得しようとした。このため彼らは多額の銀を費やし、その証書を入手してはなはだ満足して住居に帰り、まったく安堵していた。しかるに公方様は、母と兄が殺された際、これら六条の僧侶たちが、法華宗徒であった（松永）弾正（久秀）殿の許可を得て、その母の住居を取り壊し、自らの僧院へもたらしたことを聞いたらしい。そこで公方様は都に来るとただちに家臣とともに同所に住まうことに決めた。それゆえ、僧侶たちは彼に、そのようなひどい圧迫を加えないようにと切願した。だが彼はこれを一笑に付して侵入した。信長が自国に戻った後、そして公方様がなおその寺院にいた際、以前天下を統治していた三人の殿が来襲し、[19]彼に対して最初になしたのは、彼らが先に造ったかの新しい寺内《ジナイ》[20]と集落を、ただの一軒も残さずに焼却したことであった。しかしこれはまだ仏僧たち自身の身に及んだことでなかったので、彼らはそれでもって自分たちの苦難と不安は終ったように考えていた。ところがその後信長は、城の石造建築が終った後、木造建築の宮殿を造営する決心をした。ところで、新たに山や森で伐採せねばならないならば、建築は大いに遅延し、公方様はたいして早く新邸に移ることができなかったので、彼はなんらの控訴や答弁の余地を与えず、きわめて巧妙に造られた塗金の屛風《ビョウブ》とともに、あるがままこの寺院のすべての豪華な部屋を取り壊し、それを城の中で再建することを命じた。仏僧ら一同は、弾正殿の許に至り、彼らのために信長のところで執り成してくれるように乞うた。彼はこれに対し、信長がひとたび決意したことは撤回されないから、あえてそうしようとは思わぬと答えた。そこで市《まち》の法華宗徒千五百人ばかりが集合し、多大の贈物を携え、望みのまま金銀をいくらでも出すから、きわめて古く、全日本でいとも著名なその寺院に対するこの大いなる侮辱を免じてもらいたいと信長に懇願した。だがすべては徒労であった。彼らは内裏《ダイリ》*21および公方様の許へも赴いたが、信長を動かすには至らなかった。ついになんらの効果もなく、すべては取り壊されてしまったので、仏僧らはこれをいたく泣き悲しんだ。以上はかの傲慢にして悪魔的な寺院の幸いな結末であった。

さらに彼は新たに、全日本の国王なる（天）皇《オウ》のために一宮殿を再建することを命じ、*22また皇子なる内裏の一子のためにも、他より優雅で豪壮な宮殿を建てた。なかには特に、当時天下におけるもっとも美麗にして優雅な建築の一つであるすべて塗金した一室があった。これおよびその他を彼は霜台の宮殿である多聞山城《タモンヤマ》から取り寄せたのであった。そして内裏は多年にわたり貧窮のうちに生活していたので、信長は彼のために収入を確定し、彼に多くの豊富な贈物をした。信長は公家《クゲ》〔直接内裏に奉仕する貴人〕をその悲惨さと極度の困窮から救い、新たな封禄を給したのみならず、百年来彼らに属していたものを確認させて、すべてを彼らに返還するようにと命じた。（中略）

まず彼は、都から四里離れたところに位置し、あらゆる神《カミ》、仏《ホトケ》、蔵書、装飾品を有するきわめて多数の寺院が三里にわたって展開しており、日本宗派の源泉で、主な大学である比叡山《ヒエノヤマ》*23を完全に焼却、破滅せしめた。

彼はきわめて著名な山王《サンノウ》という寺院を焼却した。同社は比叡山に近く八王寺《ハチオウジ》という山にあり、その麓には二十二の、非常に豪華で見事な眺めの神社を持った清潔な谷がある。またそこには、華麗で巧妙に作られた大きい一種の輿が七つあった。これらは年に一度、比叡山の全僧侶が出て、きわめて盛大な行列をする祝祭の折に用いられ、その際、彼らは同所の麓にあって二十二里の長さの湖上で、すべて武装して舟に乗るのであり、これを坂本《サカモト》の祭り*24と称した。これらすべては信長によって灰燼に帰した。

そして聖ミカエルの祝日における右と同じ戦いの時、この天の使い（信長）はこの山王の社で、彼に敵対して武器をとった千百二十人の僧侶を殺戮し、近江国の三分の一なる比叡山の全収入を兵士たちの間に分配した。*25（以下略）

＊1　フロイスは織田信長をつねに「ノブナガ」と称しているが、信長自身、「信長」（『大日』十ノ一、九三一ページ）と署名し（また、「弾正忠」、『大日』十ノ二、三ページ）、『御湯殿上の日記』続群書類従完成会本（巻六、五〇九ページ）は「のふなか」、太田牛一の『信公』（三四ページ他）も「信長」、『駒井日記』（四九七ページ）は「信長様」としている。

＊2　異母兄に信広あり。

＊3　全国の意であるが、南蛮人の記録では日本の中心部を指すことが多い。一六〇三年刊キリシタン版『日葡辞書』（f.254）は"Amega xita"（天が下）、"Monarchia"（君主政体）、または"imperio"（帝国、主権）としている。

＊4　天文三年、一五三四年生まれ。したがって入京した永禄十一年には満三十四歳。

＊5　三河長興寺所蔵、ならびに安土摠見寺所蔵画像参照。

＊6　「表裏の深き大将」（『総見記』九七ページ）。

＊7　「智略のはやき事は誠に猿猴が梢を伝ふに相似たり」（『総見記』九七ページ）。

＊8　『信公』巻十一（二二八―二三一ページ）、『総見記』（一二五ページ）参照。

＊9　一五六六年九月五日付、堺発信、フロイス書簡に、「美濃の王」として類似の話あり（C I. f. 210）、美濃国主ならば斎藤龍興で、一五六一（永禄四）年に父義龍が死去した時のこととなるが、尾張の信長と誤ったのであろう。

＊10 異母兄信広は、天正二年、長島で戦死した。弟の信行が弘治三（一五五七）年に謀叛したのが露見し、信長に誅せられたことを指している。

＊11 フロイスの「日本史」に記されている里は、ポルトガルの「里」か、日本の「里」であろうか。一里は、国により、五・二九キロ、五・五七二キロ、六・一三五キロ、六・一八三キロなど種々あるが、ポルトガルでは六・一八三キロを指した。フロイスの記述の場合は日本の「里」と解すべきである。後掲のように、フロイスは安土―京都間は十四里と称している。これは日本の「里」と解して差しつかえないことを物語る。

＊12 「みやこ」（『太田和泉守覚書』四六二ページ）、「都」（『島津家記』続群二十三上、四八四ページ、『山上宗二記』五一ページ、『大内義隆記』四〇八ページ他）。その他、「京都」「京」「帝都」「京師」「城都」「平安城」などとも称せられた。

＊13 松永山城守久秀（『大日』十ノ四、七二八ページ）、『言継卿記』（巻二、四二〇ページ）に「松永弾正」、『多聞院日記』（巻一、四三〇ページ）に「霜台、松弾」。

＊14 自署、「伊賀守惟政」（『大日』十ノ四、五五四ページ）。C I. f. 256v. に“Vadaigano Camidono”和田惟政は近江国甲賀郡油日村の土豪で、和田和泉守秀盛の一族（『和田系図』続群五下、八〇六ページ）。

＊15 『総見記』に曰く、「一条院殿……和田伊賀守惟政を頼ませ給ひ、永禄八年より同じ九年まで二年の間まし〱けり。……濃州の長井を頼ませ給ふに……御頼みに応ぜ

ず、当国観音寺の城主佐々木六角左京大夫義賢を召されけるに……御返事申上げず……ここに越前の守護朝倉義景とて多勢の者あり……是を御頼みあって……御帰洛の事延引す。……急ぎ上使として細川藤孝……を濃州岐阜へ遣はされ……只偏に信長の武功を以て帝都御安座当家再興の儀あらまほしく、一向頼み思召すの由懇に上意成し下さりけり、織田上総介信長は、本より好む所なれば、謹んで御請あり。……信長より御迎に、和田伊賀守惟政、村井民部丞、島田所之助進上申さる。……（永禄十一年七月）廿九日、信長即ち立政寺へ出仕して御目見申され……頓て京都へ御供申上ぐべく候ふ……去程に信長公は、公方家再興の為に分国へ触を廻し、上洛の人数を催し給ふ。……信長公は分国美濃、尾張、伊勢三箇国の人数は申すに及ばず、諸国近隣へ触を廻し、公方家御上洛の軍兵を催さる、諸軍勢昼夜を撰ばず、引きもきらず、岐阜御城下へ馳集って各々御下知を相待ちけり。……近江一国信長公へ帰伏せしむ、其いきほひ、利刀の竹を割り、洪水の塵を流すに相似たり……」（八〇―一〇一ページ）。

＊16　摂津の国のことをフロイスは「津の国」と記した。彼は当時の南蛮人の発音と綴り方によって“Ccunocuni”と正しく記したが、写本ではしばしば“Cunocuni”などに変えられた。なお、当時、日本人が「摂津国」を「ツノクニ」と称していたことは、『池の藻屑』（五二ページ）に「津の国」、『御湯殿上の日記』（巻六、二一〇ページ）に「つのくに」、『太閤さま軍記のうち』（一五六ページ）に「津国」などとあって

明白である。

＊17　信長入京の日は、邦九月二十六日（洋十月十六日）（『大日』十ノ一、一二四―一三一ページ）であるが、『多聞院日記』が「廿三日、今日京辺へ細川兵部大輔、甲賀和田伊賀守大将にて江州裏帰衆召具一万余にて上洛了」（『大日』十ノ一、一一三ページ）とあるところを見ても、諸軍相次ぎ入京したらしい。『総見記』に言う、「公方は廿七日に三井寺の光浄院に入御あって、翌（九月）廿八日（洋十月十八日）に行粧美々敷御入洛あり、信長今日、本陣を東福寺に構へ給ふ。……諸道諸芸に名を得し者ども、我劣らじと進物をささげて東福寺へ参上申し、信長公へ御礼申す、皆々御対面にて、一人〳〵それ〴〵に御挨拶ありければ、諸人皆よろこび、今まで音に聞えしは、鬼神の様に承りつるが、それとはかはり候うて、扨々柔和に慈悲ふかき信長公にてましますぞと、皆々ほめ合ひよろこびけり」（一〇二ページ）。

＊18　新将軍義昭は、永禄十二年の元旦を松原通り法華宗六条本圀寺で迎えたが、邦一月五日（洋一月二十一日）には三好三人衆らの軍勢に襲撃された。いわゆる本圀寺の変である。信長は自らの不在中に勃発したこの乱の苦い経験から、将軍のために堅固な城を建築することにした。フロイスの詳細な二条城建築の記述は、『総見記』巻八（一一四―一一六ページ）と対照できる。また、『信公』に「二条勘解由小路武衛陣の前の御所の焼跡を東北へ一町づつひろげられ……、同二月廿七日鍬初して、それより夜を日に継いで御普請あり、人足すくならうして造功はかゆかざるにより、

諸侍自身土石を荷い経営に勤めけり、中にも御庭作らるゝ時、細川が邸に古来より藤戸石とて名石ありけるを、御庭に立てらるべしとて……即時に御所へ引きつけらる、誠に公方の御普請なるゆゑ、御自身御精を出さるゝ事有がたき御忠告なりとて、是を見きく上下の者ども、皆々精を出し力を惜まず相勤けり。……此外洛中洛外の名木名石、数をつくし取よせられ、御庭築山築地がまへ迄残る所なく御造営あり」（五七―五八ページ参照）とある。

＊19　フロイス「日本史」第一部の八三、八四章、すなわち本書の第一、二章の記事は、第三章以下と違い、編年的に記されていない。ここで述べているのは永禄十二年一月五日の本圀寺の変のことであり、三好三人衆は斎藤龍興らの残党とともに義昭を囲んだが、三好義継、池田勝政、伊丹親興らが救援に赴いて三好三党を敗北せしめたのである（『信公』九二―九三ページ）。

＊20　フロイスは本書で省略した「日本史」のうち（第一部、二九一葉）で、「寺内《ジナイ》」を寺院の傍に作られた一種の街のような地所と説明している。それは六条本圀寺に関してであるが、『後太平記』（下巻三十八）の中にも同寺の「寺内」について言及している箇所がある（一〇一ページ）。

＊21　天皇は「内裏《ダイリ》」（時に「皇《オウ》」）と記されている。南蛮人の記録の「エンペラドール」は、あるいは豊臣秀吉、あるいは徳川家康を指す。

＊22　正親町天皇のために皇居の修築に着手し、その監督権を日乗上人に委ねた（『大日』

十ノ二、三七二―四一二ページ参照)。

＊23　『多聞院日記』巻三、二二七ページ。『御湯殿上の日記』(巻六、一五九ページ)に「ひへの山」、『雍州府志』続々群書(八、八二ページ)に「始め日枝山、後、比叡山」とある。

＊24　『御湯殿上の日記』(巻七、二三ページ)に「さんなうまつり」、『厳助往年記』(四〇五ページ)に「山王祭」。

＊25　一五七一(元亀二)年の著名な信長の延暦寺焼討のことを指す。「日本史」では簡略にしか述べていないが、フロイスは事件直後の同年十月四日付都発信書簡においてかなり詳述している(CI. f. 332～v.)。彼はこれを「聖ミカエルと聖ヒエロニモの祝日」(CI. f. 332)、すなわち洋九月二十九日、三十日、邦九月十一、十二日としているので、次に掲げるように邦文献と一日の差異を生じる。書簡は事件後五日後に認めたものであり、洋十月一日(邦九月十三日)にはフロイスは信長を訪れているから信憑性があるように思えるが、『言継卿記』の確実さには及ばない。けだしフロイスは信長が三井寺に姿を見せた日から焼討を開始したものと誤解したのであろう。『言継卿記』に曰く、「九月十一日、庚午、天晴、……織田弾正忠信長……今日被遊三井寺へ……、十二日、辛未、天晴、巳刻小雨灑、一織田弾正忠、従暁天上坂下(本)被破放火、次日吉社不残、山上東塔、西塔、無童子(動寺)不残放火、山衆悉討死云々、大宮辺八王子(寺)両所持之、数度軍有之、悉討取、講堂以下諸

堂放火、僧俗男女三四千人伐捨、堅田等放火、仏法破滅、不可説々々々、……十三日、横川、ワラギ、ミナ上、其辺東塔之焼残等悉放火、信長ハ小姓衆馬廻等計にて、巳刻上洛……今日妙覚寺に逗留云々……十四日、……叡山残坊少々放火云々、十五日……山上残之坊今日モ放火了」（『大日』十ノ六、八五五―八五六ページ）。

第二章（第一部八四章）　信長がその統治の過程で行なった他のことどもについて

（前略）信長[*1]はまた、数回にわたり、根来衆《ネゴロシュウ》という僧侶たちのもっとも重立った寺院、および三千人以上の仏僧を数える高野《コウヤ》の諸寺院を破壊し、これらすべてを処罰できぬものかと試みた。すなわち彼は、彼らの多数が全き盗賊であり、あらゆる種類の悪行に耽り、放恣であったほか、彼に対して若干の無礼を働いたことを知っていたのである。だが彼らは憐憫を乞うたし、当時彼は、より重大なことに従事していたので、その企図を放棄した。しかし彼がその加えられた侮辱を罰することを延期したのは、その後より好い機会を待ち、いっそう厳しく処罰するためであった。

信長は、ある仏僧が書状をもって、彼に敵対するように一城を煽動しようとしていることを聞くと、彼を立ったまま生埋めにし、土を被せ、ついで小さな鋸で首を切断せしめた。

美濃の国の岐阜の市《まち》に、彼ははなはだ豪壮華麗な宮殿を建て、豊富なそのすべての財宝、さらにまた美濃、尾張の二カ国を加えて長男である嫡子　城　介殿《ジョウノスケドノ》[*3]（信忠）[*2]に与え、ただ茶の湯《チャノユ》の道具と呼ばれる茶器だけは自ら保管した。だが彼は伊勢の国を息子である御本所《ゴホンジョ》（信雄《のぶかつ》）[*4]に与えた。[*5]（中略）

二十二里の長さがあり、時に二里の幅となる近江国の（琵琶）湖上に、彼は一畳が八パルモの長さである畳《タタミ》三十枚の長さで畳八枚の幅を有する大撓船《ガレアーサ》を造らせた。それは両側おのおの百人の漕ぎ手が漕ぎ、前と後ろの甲板に二つの船楼を備えたものであった。だが彼が乗船したのはただ一度だけで、彼に侮辱されて公方様が都から槙島《マキノシマ》に至った時に、大軍を率いて佐和山《サワヤマ》城の麓から他の地の坂本に赴いた際であった。[*6]そして彼はその後一度として、これに乗船しなかった。それのみならず、彼は同船を解体せしめ、これから十二隻の軽船を造らしめ、戦艦として、彼が交戦中であった越前国主（朝倉氏）に対して、[*7]その湖を警護させることにした。[*8]

彼は都から十四里の近江の国の安土山《アヅチヤマ》という山に、その時代までに日本で建てられたもののなかでもっとも壮麗だといわれる七層の城と宮殿を建築した。[*9]すべては截断せぬ石から成り、非常に高く厚い壁の上に建ち、なかにはそのもっとも高い建物へ運び上げるのに四、五千人を必要とする石も数個あり、特別の一つの石は、六、七千人が引いた。そして人々が確言したところによれば、坂を少し下へ滑り出た時に、その下で百五十人以上が下敷きとなり、ただちに圧し潰《つぶ》され、砕かれてしまったということであった。壁と塀は驚くほど高く、それに適した技巧で造られており、截断せぬ石だけからできていても、切石と漆喰でできた我らヨーロッパの石造建築を眺めるのとほとんどなんら異ならぬほど堅固に、そして豪華にできている。なお宮殿や広間の豪華さ、窓の美しさ、内部で光彩を放っている金、赤く漆で塗られた木柱とすべて塗金した他の柱の数々、食料庫の大きさ、多種の灌木がある庭園の美しさと新鮮な緑、その中の高く評価されるべき自然のままの岩塊、魚のため、また鳥のための池、黒く漆で塗られた鉄が打ちこまれた扉、全建築と家並みの塗金した枠がついた瓦、周辺に見張り用の鐘がある堡塁の数、新しい豪華な宮殿〔これらは内裏のため自分の御殿のそばに娯楽の家とともに作らせた〕それとおびただしい部屋の塗金した絵画の装飾、新鮮な緑と、きわめて広大な平地、これを越えて望むと、片側には麓に大きい湖があり、各種各様の舟が往来し、他方、見渡すかぎりの田野が開け、その間に城や多数の村落が展開している。それらすべてに全範囲にわたって格別の清純さが見受けられる。

三年を経ずして新築され、*10 不断に成長したその市《まち》は、またすでに一里以上にも拡張した。諸侯諸士の家々は、すべて上に番人部屋がついた特殊材の玄関を有し、壁はすべて白く上塗りされ、内部には、日本人が知らない（ヨーロッパ風な）壁掛けに代り、塗金した屏風がしつらえてある。幾多の高価な馬に満ちた厩は、非常に清潔で、娯楽室としても結構役立つように思われる。街路ははなはだ長く広大で、日に二、三度清掃された。そのうえ人々の雑踏、風評、各国からその政庁に集まった貴人たちの去来、この建築の名声と高貴さに惹かれて遠方から見物に来た多数の身分を隠した男女の訪客、毎日、そして夜分にも集まって来た、一般に行なわれる贈物の数、西国《サイコク》、すなわち南の諸国から彼に贈られた大小の鷹、坂東《バンドウ》からもたらされた素晴しい馬、毎日市《まち》に荷物を運んで来る人々、彼の近習の家臣の良き態度と清潔さ、山の周辺の雑踏と仕事場の音、これらすべては日本人たちにとっては、見る者に大いなる驚嘆の念を起さずにはおかぬものがあるように思われた。

人々が確言するところによれば、彼は日本において彼に先立つあらゆる諸侯のうちでもっとも幸運に恵まれ、もっとも富み、かつ強大な人物であった。幸運に恵まれたというのは、彼がつねに戦争で得た良き成功によるもので、彼がそれらの戦いで勝利者とならなかったことは稀であった。富んでいるというのは、多量に所有する金銀以外に、日本にもたらされ、あるいは以前からすでにその地にあったインドの高価な品、シナの珍品、朝鮮および遠隔の地方からの美しい品々は、ほとんどすべて彼の掌中に帰したからである。茶を熱い水で飲む時に用いる茶の湯《チャノユ》の道具は、日本では、我らの許における宝石のような価格、価値、貴重さを有し、人々が長い年月に日本各地で入手し、蒐集したものは格別であった。それによって彼らの家は著名となり、これを所有していることで、この所蔵者は富みかつ幸福であると言われるのである。彼はそれらのある物は贈物として与えられ、ある物は多額の金銀で購入したので、最良の、かつもっとも著名なものの大部分を所蔵するに至った。日本では銘が入った非常に高価な大小の刀剣、豪華な装飾馬衣、そして最後には、人々が喜び楽しみ得るすべての美しく珍しい品々、彼はそれらすべてが集まる中心点であった。

その宮殿内での奉仕は、もっぱら若い婦人たち、それも天性、大いなる才能、天稟の能力を持った選ばれた乙女たち、および領内のもっとも高貴な出身の婦人たちによって行なわれた。

この安土の市《まち》から都まで陸路十四里の間に、彼は五、六畳《タタミ》の幅をもった唯一の道路を造らせ、平坦で、真直ぐにし、夏には陰を投ずるように両側には樹木（松と柳）を植え、ところどころに箒《ほうき》を懸け、近隣の村から人々がつねに来て道路を清掃するように定めた。また彼は全道のりにわたり、両側の樹木の下に清潔な砂と小石を配らせ、道路全体をして庭のような観を呈せしめた。一定の間隔をおいて休息できる家があって、旅人はそこで売っている豊富な食料品を飲食して元気を回復した。そして以前、その諸国では、少なくとも道連れのない一人旅の場合には、日中でもあまり安全ではなかったのであるが、彼の時代には、人々はことに夏にはつねに夜間旅をした。彼らはその荷物をかたわらに置き、路傍で眠り込んでも、他の人々が自宅においてそうできたほど安全となった。彼は道中のこの秩序と設備をその統治下の多数の諸国において実施させた。

そして都から安土へのこの道が旅人にとり、あらゆる苦難から免れ得るよう、彼は、近江の湖が狭くなり、激流と急流を伴う瀬田《セタ》というところに四、五千クルザードを費やしたといわれる立派な木材の橋を懸けさせた。それは四畳《タタミ》の幅で、百八十畳の長さがあり、形はきわめて完全であった。彼はそのほとんど中央の片側に一軒の非常に快適な休憩所を自分のために作り、そこを通行するとき、休息できるようにした。身分の高き者も低き者も〔婦人だけは例外として〕、あらゆる階級の人々は同所で彼自身に対する畏敬から乗物を降りねばならなかった。

彼はきわめて強力であり、望めばごく短期間に十万人以上を難なく戦場に赴かせることができたからである。

安土山からのこの道には、さらに一つの障害があった。すなわち都と近江の湖の間にある比叡山《ヒエノヤマ》の山嶽と嶮しい岩石であった。したがってその道路を容易に通過できるようにするために、彼はこれをすべて手で切り通させ、以前には人々が苦労をし、馬も非常な困難を嘗めてようやく登り得たひどく嶮しい道をまったく平らにし、なんらの障害がないようにした。かくてそれは快適な道路、広大な通路となり、牛車や婦人の駕籠もなんらの困難なしに通行している。

彼はあらゆる賦課、途次支払わねばならなかった関税、通行税を廃止し、大いなる寛大さをもってすべてに自由を与え、この好意と民衆の賛意のため、一般の人々はますます彼に心を惹かれ、彼を主君に持つことを喜んだ。[*11]（以下略）

＊1　本章では年代順でなく、信長の性格を読者に報らせようとして雑多なことが断片的に記されている。したがって一部分だけを訳出した。
＊2　織田信忠。奇妙、また城介（城之介）と称された。
＊3　フロイス著「日本史」写本では"Jxei", "Yxei", "Yxee"などと綴られている。
＊4　織田信雄。お茶箋（茶箋）、また御本所と称された。
＊5　信長は一五七六年一月二十八日（天正三年十二月二十八日）に家督を長子信忠に譲った。『信公』巻八に「十一（二）月廿八日、信長御家督秋田城介へ渡し進めらる。誠に、信長卅年御粉骨おかれ、御屋形作の金銀を鏤めたる星切の御太刀、これは曽我五郎所持の太刀なり。其の外、集まりおかれたる御道具、三国の重宝、員を尽し、尾州、濃州共に御与奪なされ、信長御茶の湯道具ばかり召しおかれ、佐久間右衛門私宅へ御座を移され、御父子共御果報、大慶、珍重々々」（一九〇ページ）。
＊6　一五七三年七月三十一日（元亀四年七月三日）。この年邦七月二十八日に天正に改元）、将軍義昭が槇島に挙兵し、洋八月十五日（邦七月十八日）、信長が槇島を降した。本書第八章参照。
＊7　同じ一五七三年九月十六日（天正元年八月二十日）、朝倉義景、ついで浅井長政は

＊8
信長に討たれた。

『総見記』巻十二に「五月廿二日、江州佐和山へ御越あって、丹羽長秀に仰せ置かれし大船の事御急ぎ有って、それより岐阜へ帰らせ給ふ。長秀は先ず当国多賀山田山中の材木をとらせ、瀬利川通りをひきおろし、佐和山の麓松原へ引きあげて、鍛冶番匠杣を召しよせ、大工岡部又右衛門棟梁を承り、舟の長さ三十間、横へ七間に櫓百梃を立てさせ、艫舳に矢倉をたて、丈夫にせよとの御指図を承り置き、夜を日に継いで造る故に、同七月三日には数多の大船悉く出来して、諸人眼を驚かしぬ」（一九二ページ）。巻十六に「扨先年室町の公方御謀叛の時、大船を造渡され、御用に立てられけるに、其後は入らざる事也とて、猪飼野甚助に仰付けられ、件の大船取りほどき、早手の小船十艘に造り直され、此城下（安土）に繋ぎ置かれ候ひ訖んぬ」（二五四―二五五ページ）。

＊9
安土城については『信公』に多くの記事が見られる。琵琶湖最大の内湖伊庭湖内に突出した標高一九九メートル（湖水面より一一〇メートル）の山頂から数本に分れた尾根のある山稜の最高部に設けられた豪壮華麗な安土城と、これを中心とした山腹にかけての信長幕下諸将の邸宅および山麓埋立地付近の住宅、ならびに今日の慈恩寺、常楽寺付近の安土城下町の三部から成っていた。安土城は一五八二（天正十年、本能寺の変後全焼し、爾来約四百年を経、荒廃に帰したままであるが、昭和十七年『滋賀県史跡名勝天然記念物調査報告書第十一冊、安土城址』は、同城址に関

し科学的な遺跡調査を発表し、往時の盛観を回想せしめるに足るものがある。同書は、膳所藩主本多隠岐守の許にあり、同家から寄進された縦四尺四寸八分、横三尺八寸二分の紙本着色の「貞享四丁卯年仲龜作之、近江国蒲生郡安土古城図」（摠見寺所蔵）を参考として、発掘と実地測量により城址の復原に成功したのであって、貞享の図面については「余り虚構の跡を認めず」と認定している。同書により、天守、本丸、二ノ丸、三ノ丸、弾薬庫、米蔵、台所、菅屋邸、長谷川邸、この御殿址を中心とし武藤助佐衛門、江藤加賀右衛門、中条将監、羽柴秀吉、徳川家康、武井肥後夕庵、秋田城介信忠、堀久太郎、名坂邸、織田七兵衛信澄、森蘭丸らの邸跡を明らかにしている。本書第十、十一、十五章の本文および注記を参照されたい。

＊10　信長の命を受けて書かれた岐阜瑞龍寺の南化和尚の『安土山記』にも「不㆑終㆓三年㆒而其功大成矣」（『滋賀県史跡名勝天然記念物調査報告書第十一冊』八六ページ）とあって、一五七八（天正六）年にひとまず完成した。しかし城内の装飾や城下町まで完成したのはさらに二、三年後であろう（拙著『南蛮史料の研究』四三九ページ）。

＊11　信長は一五六八（永禄十一）年に義昭を奉じて入京するとまもなく、管内の関所を撤して往還を容易ならしめた。加うるに、彼は道路の修築にいそしみ、あるいは橋梁を架して旅を容易にした。戦乱の時代に道路が険悪であることはむしろ国防の要諦であると見なされており、その利便はかえって行軍の便利さに伴う積極的防備策

であることは知られていなかったのである（花見朔巳著『安土桃山時代史』「綜合日本史大系」八、五九八―六〇〇ページ）。

II　信長とフロイス

第三章（第一部八五章）

信長が、和田殿の好意により、ルイス・フロイス師を都へ呼び戻すべく命じた次第

（前略）ルイス・フロイス師[*1]が堺にいることすでに五年になったが、彼を都へ連れ戻す人間的な望みははなはだ乏しかった。[*2]そこへ予期せぬ信長の登場となり、信長は公方様を復位せしめるために公方様を伴って都《ミヤコ》に到着した。彼は堺の市《まち》から若干侮辱を被っていたので、その市民たちは彼が市《まち》を殲滅させる命令を出しはしないかと恐れた。ところでこの市《まち》はすべてにおいてもっとも富み、最高位にあり、もっとも多くの取引きが行な

われる、日本で最良の都市の一つであったから、その恐怖は大きく、各人はできうるかぎり家を離れ、妻子や財産を各地へ避難させた。これは海上では海賊を、路上では追剝を強く煽動するところとなった。すなわち毎日彼らはひどい掠奪を働き、市民はそのような手段で幾度となく道中で強奪に遭った。だが多くの人々が語るところによれば、これらおよび他の多くのより大いなる懲罰は、彼らの傲慢不遜、ならびに彼らの間で行なわれていたはなはだしく、かつ嫌悪すべき罪悪のためであった。*3

この頃、（日比屋）ディオゴ了珪は下《シモ》*4の地方に赴いていて、司祭（フロイス）には援助を乞うことができる人は同地には誰もいなかった。そこで信長の部下による掠奪を一同がことに恐れ、市《まち》の半ば以上がすでに引っ越してしまった時、司祭は準備し、家にあったわずかばかりの家財やミサの道具を堺と向かいあっている海上五里の尼崎《アマガサキ》に移すことを決意した。（中略）

同所（尼崎）から司祭は他の手段が見つかるまで、津の国のジュスト右近殿の父である高山殿*5の山中に赴いた。

その間、信長の軍勢の五人の首脳である司令官たちが少数の部下を率いて堺に派遣され、ただちに人々を安堵させる允許状と保護状をもたらして市《まち》を庇護した。そしてこれらの司令官の中には、すでに都の奉行になっていた和田惟政殿*6もいた。高山ダリオ（飛驒守厨書）殿は彼に仕えていたが、*7彼は、同地方のすべてのキリシタンに率先して我らの主なるデウスに対し、司祭を都へ連れ戻すことで奉仕し、この名誉を自ら獲得しようと欲した人であった。そこで彼はこの件について堺で和田殿と話した際、彼（和田殿）に伴天連を召喚し、ただちに堺に帰してくれるよう願った。

かくて万事順調に捗るように、時を同じくして、このような仕事を促進させることに大いなる敏捷さと手腕を有していた日本人修道士《イルモン》*8ロレンソが豊後から堺に来た。

大急ぎで司祭は堺に戻った。ダリオはさっそくロレンソ修道士を伴って和田殿を訪れた。和田殿は彼らを大いに鄭重に、かつ敬意を表して迎えたので、一同は驚嘆した。彼は非常に多忙で、邸は来客で満ち、そのなかには後日越前国主になった柴田（勝家）殿がいた。だが彼は柴田殿に供するつもりでいた食事を差し控えさせ、ロレンソ修道士に、大いにゆっくりデウスの教えについて説教されたい、と乞うた。それは、この司令官（柴田殿）がキリシタンの教えを理解し、司祭のために信長の許で斡旋の労をとっている和田殿を援助するようになってもらいたいためであった。説教はまる二時間ほど続き、同席者は皆大いに満足の意を表したが、和田殿は一同に優り、いとも聖なる正当な教えに対する讃美を繰り返してやまなかった。

翌日、和田殿はロレンソ修道士を呼び、「予は伴天連が堺に放逐され、当地において見捨てられているのに接し、異国人である彼に同情している。予は彼を呼び戻し、できるかぎり万事において彼を優遇し保護しようと決心しているが、彼にはなんら要求しはしない。すなわち、予は、彼の教えはいとも正当で聖なるものに思われ、満足しているからそうするに過ぎぬのである。そして傲慢な堺の市民が彼のいる家で彼に不敬を働かぬようにするために、予は彼が予の保護の下にあることを明らかにするため、当地に滞在中、二、三度彼を訪問するつもりである」と言った。(中略)

和田殿は公方様にきわめて愛され、したがって一同から非常に尊敬されていたが、それに劣らず彼は信長が信頼する人物であった。そして後の経過が物語るように、彼ほどデウスの教えに大いに傾倒し心から愛情を示し、司祭を優遇し、機会あるごとに頻繁にそれを行なった殿はかつて誰もいなかったのである。(中略)[*9]

司祭が都に到着して三日を経、和田殿は司祭が信長の許へ伺候する準備を整えた。[*10]司祭は贈物として、非常に大きいヨーロッパの鏡、美しい孔雀の尾、黒いビロードの帽子、[*11]およびベンガル産の籐杖を携えたが、[*12]それらすべては日本にはない品だったからである。司祭には都の他のキリシタンたちが同伴した。和田殿は途中で司祭を待っており、宮廷のもっとも高貴な殿たち数人は、和田殿に対する顧慮から司祭に同様に大いなる慇懃さを示した。

信長は邸の奥に入っていて、音楽を聞いていた。彼は、司祭を近く接見してゆっくり彼と語りたかったのであろうが、初回には、あることを考慮してそうしようとしなかった。信長は、(彼の前に)立っている若い武士らの間から司祭を観察していた。そして二人の司令官佐久間（信盛）殿と和田殿をして、豊富に各種の料理が配列された大きい食膳を供させ、両人は司祭に、何か手をつけるようにと督促した。司祭がしばらくそこにおり、信長は贈物を見た後、そのうち三つを司祭に返し、ビロードの帽子だけを受理した。彼は贈物のなかで気に入ったものだけを受け取っており、他の人たちに対する場合でもつねにそうであった。そしてこれら二人の殿は司祭とともに退出し、大いなる愛情を示して司祭に別れを告げた。

その後、信長はこの二人の司令官に対し、「予が伴天連を親しく引見しなかったのは、他のいかなる理由からでもなく、実は予は、この教えを説くために幾千里もの遠国からはるばる日本に来た異国人をどのようにして迎えてよいか判らなかったからであり、予が単独で伴天連と語らったならば、世人は、予自身もキリシタンになることを希望していると考えるかも知れぬと案じたからである」と述べた。

悪魔はさっそく司祭やキリシタンたちがなんらの不安もなく気楽に過すことがないようにと、その仕事を開始した。すなわちまず、公方様を殺し、司祭を追放した松永霜台が、信長ならびにすべてのかの殿たちが司祭を迎えたのを見た時、彼は信長に対し、殿が、市《まち》にとって危険な存在であるあの人物を呼び戻すよう命じ給うたのには驚き入っている、伴天連が説くかの呪うべき教えが行きわたるところ、つねに、国も市《まち》もただちに崩壊し滅亡するに至ることは、身共が明らかに味わったところである、と述べた。これに対し彼は答え、「汝霜台、予は汝のごとき老練、かつ賢明の士が、そのように小心怯懦な魂胆を抱いていることに驚くものである。たかが一人の異国人が、この大国において、いったいいかなる悪をなし得るというのか。予はむしろ反対に、いとも遠く、かくも距たった土地から、当地にその教えを説くために一人の男がやって来たことは、幾多の宗派があるこの市《まち》にとって名誉なことと思っているのだ」と述べた。

そして信長は（側の）一人に不快な顔付きをしたので、霜台はそれ以上一言も語らず、もはや眼を上げようともしなかった。かくて彼はなんら返事をしないで沈黙した。（中略）*13

都の仏僧と異教徒たちは、市中《まち》にあらゆる噂を弘めた。ある者は、伴天連が堺から追放され、そのため今や都に避難所を求めて来たのだと言った。また他の者は、伴天連が信長を訪れた時、信長はただちに彼を捕えさせたが、少なくとも金二コントを要する奈良の大寺院と大仏殿の再興を独力でなすことを彼に強要したのだと言った。同夜、司祭は二つの警告を受け取った。その一つは、内裏は、伴天連が都に帰ったことを聞き、ただちに公方様に宛てて、伴天連を引見せず、また彼を迎えず、また信長に対しては遅延することなく彼を放逐するように伝えられたいと書かれた書状を届けた、というのであった。第二の報道は、次のようであった。教会には、信長の側近で三千人の兵を従える三河国主の伯父*14が宿営している。彼は司祭が帰ったことを聞くと、他の一貴人と、偽って、信長から教会を請い受けることを協議した。また、都の上席判事とも言える開闔《カイコウ》（奉行所の役人）は、キリシタンの家に預けてあった修道院の戸、畳《タタミ》、家具などの目録を作成し、接収してそれらをすべて右の貴人に与えることにした、と。

ラザロの金曜日（四月一日）の早朝、キリシタンにミサを唱《とな》えるため祭壇がすでに用意されていた時、突然使者が来て、伴天連は即刻、内裏の使者が来るまでにその場を退去するよう、内裏は伴天連のゆえに、伴天連を泊めているキリシタンの家を破壊せよと命ぜられた、*15と伝えた。そこで司祭はさっそく、聖務日禱書だけを携え、伴侶として一人の同宿（アントニオ）を伴って修道院を出、また、ロレンソ修道士は和田殿、佐久間殿、高山殿の許へ、この予期しない困惑とキリシタンの悲嘆について報告するために赴いた。このキリシタンたちは司祭を連れ、四街向うの、はなはだ狭く暗い場所で死にそうになっていた一人の老いたキリシタンの家へ匿った。彼はここに終日おり、我らの主に事態を告げ、主がこのキリシタンたちを想起し給うように懇願した。

市《まち》は一里ほどであったので、修道士は午後帰って来て、上記の殿たちの返答をもたらした。それには、これらの不安な出来事を遺憾に思う。それはデウスの教えの敵である仏僧たちの詐欺であろう。伴天連はさっそく、元いた家に戻るがよい。我々が彼の面倒を見るから、何ぴとも彼を困らせることはないであろう。また、キリシタンたちは、右のごときは噂に過ぎぬから悲しむには及ばない。またたとえ真実であっても、和田殿が伴天連を保護していることが市《まち》で知られるならば、彼にいやがらせをするようなことは明らかになくなるであろう、とあった。（以下略）

＊1　フロイスが自らの著書の中で「ルイス・フロイス師が云々」と記すことは奇妙であるが、彼は「日本史」でも日本報告書の中でも、時々このように第三者の立場で自らの名をかかげた。

＊2　フロイスは一五六五年七月三十一日（永禄八年七月五日）、勅令により都から追放された（『言継卿記』巻四、五一四ページ、『御湯殿上の日記』巻六、三六七―三六八ページ）。

＊3　永禄十二（一五六九）年に入京した信長は堺へ上使を立て、去年公儀軍用の課役を勤めず、あまつさえ今度三好三人衆に頼まれ、これに協力したことを非難した。『総見記』に「返事次第早々取りかけ、堺の南北焼払って、男女を云はず首切りかけ御仕置あるべしと也、堺には是を聞いて、老若男女驚き騒ぎ、東西へ逃散り、子をさかさまに負ひつれて山野に身を隠すより外の事なし」（一一三―一三四ページ）と。かくて三十六の庄官は相談の上深く詫び、二万両を早々に上納し、浪人を抱えぬことなど誓約書を差し出して、ようやく難を避けるを得た（『大日』十ノ一、七七四―七八七ページ）。

＊4　『九州のみちの記』（七五三ページ）に「下の国安芸のいつくしま」とあるように、

日本では上方《かみがた》に対し、西日本を指した言葉であるが、一五七九年に来日したイエズス会日本巡察師ヴァリニャーノは、日本での布教区域を「下《しも》」「豊後」「都」の三つに分けた。その意味では、「下」は豊後を除く九州ということになるが、フロイスは、「日本史」第三部（Apparatos para a História Ecclesiástica do Bispado de Japam. Bib. Ajuda. Cód. 49-Ⅳ-57. f. 274 v.）で、邦文の「九州」を“Ximo”（下《しも》）と訳しているから、豊後を含めた意味にもとれる。

＊5 高山殿は高山右近の父ダリオで、フロイスの自筆原文に“Dario Tacayamadono”（ローマ・イエズス会文書館、ARSI. Jap. Sin. 7I. f. 255）とあり、またエーヴォラ版書簡集に“Tacaiama Fidano Camidono”（C I. f. 311 v.）, “Tacafi”（C II. f. 11v.）、「日本史」第一部（一一〇葉）に“Tacayama Zuxodono Dario”と記されている。摂津本山寺文書の「高山飛騨守大慮」、『多聞院日記』（巻二、二八六ページ）の「高山厨書」と同一人物である。

＊6 和田惟政が都の奉行というのは、少なくとも邦文献からは立証できない。

＊7 和田惟政は、一五六八年十月二十二日（邦十月二日）から十日ばかり芥川城に逗留した信長から東摂を賜わり（『総見記』一〇五ページ）、その後は高槻（同上、一一〇ページ）、芥川城（同上、一一一ページ）を本拠としていた。高山飛騨守は惟政の家臣として芥川城におり、本年中にその城主となったらしい。

＊8 “irmão”は一般に「イルマン」「伊留満」などと書かれるが、その音では“irmâ”す

なわち「修道女」に相当して正しくない。"irmão"（修道士）の音を仮名書きにすることは困難であり、「イルマンウ」「イルモン」に近い。

＊9　フロイスが帰京するまでの経過が詳述されているが、「日本史」も「書簡」も日付について矛盾した点があるので、修正しておく。一五六九年三月二十五日（永禄十二年三月八日）金曜日、高山飛驒守より帰京許可の報せあり、フロイスは夜に入るまで信徒の告白を聞く。洋二十六日（邦九日）土曜日、フロイス、堺を出発、富田付近の宿に泊る。洋二十七日（邦十日）日曜日、芥川城に一泊、翌日、京都に到着。堺を出発した邦三月九日につき『言継卿記』は「九日、癸丑、天晴、自戌刻終夜雨降、三月十日、甲寅、天晴、八専、自午時終夜雨降」（『大日』十ノ二、一四ページ）と記しているが、天候に関しフロイスの記事とまったく符合する。

＊10　洋三月二十八日（邦三月十一日）、フロイスは帰京し、翌々三十日（邦十三日）、信長を訪れるが、そのことは邦文献には見られず、当日は晴、申刻、小雨、霰降り、信長は蹴鞠で足を損じたことが判明するに過ぎない（『言継卿記』巻三、三一八ページ、『大日』十ノ二、一八ページ）。

＊11　「黒き南蛮笠」、信長はこれを愛用した（『信公』三一二ページ）。

＊12　これらの品は三年前に、豊後からフロイスの許へ贈られてきたものであった（C I. f. 259）。

＊13　信長を訪問した前後の記事についても、「日本史」は少しく混乱しているので、順

序立てておく。洋三月二十八日（邦三月十一日）入京し、ソーイ・アンタン（奈良屋宗怡か）なる信徒の家に落着く。ロレンソ、惟政を訪問。洋三月二十九日（邦三月十二日）、惟政、アンタンを訪う。洋三月三十日（邦三月十三日）、フロイス、信長を訪問。洋四月一日（邦三月十五日）、フロイス、アンタンの家から他のキリシタンの家へ避難し、和田惟政、佐久間信盛は頻繁に水野信元に教会の返還を督促。洋四月二日（邦三月十六日）、水野信元、フロイスに教会を返還。洋四月三日（邦三月十七日）、枝の祝日、帰京後最初の公のミサ聖祭が教会で行なわれた。この日、天台門跡応胤親王は信長の宿舎に臨まれた。当日、雨（『大日』十ノ二、六〇ページ）。

＊14　徳川家康の伯父（『道家祖看記』二六二ページ）、叔父（『当代記』五ページ）、水野下野守信元。花見朔巳著『安土桃山時代史』（「綜合日本史大系」八、一九ページ）によれば、家康の義兄弟。叔父は水野忠政。

＊15　G・シュールハンメル師は、ここで一行欠けているように見なされたが（G. Schurhammer S. J.; P. Luis Frois S. J.; Die Geschichte Japans. 1926. Leipzig. p. 371）、原文のままで、以上補足語を加えた意味に解し得る。

第四章（第一部八六章）

司祭が奉行和田殿の好意により、信長と公方様を再度訪問した次第

和田殿は、公方様が司祭を引見しなかったこと、また信長も引見しなかったことを聞き、キリシタンたちがそのことを悲しむに相違ないと思った。そこで彼はこの事態を解決することは、自分の名誉に関することだと見なし、さらに司祭のために尽力することを決意し、信長に対し、彼のことを話し、彼を引見するよう説得すべく毎日機会を窺った。信長は和田殿に対して愛着の念を抱いていたので、ついには司祭を再度連れて来るように、そうすれば彼を引見しよう、と述べるに至った。

ただちに和田殿はこの吉報を告げるために、三十名ほどの騎馬の者とともに司祭を訪問し、さっそく自分といっしょに信長を訪ねる準備をされよ、と言った。さらに彼は司祭は司祭にふさわしいことだから駕籠《リテイラ》で行かれるがよい、と付言し、彼は徒歩で少し前方を進み、佐久間殿がそれに従ったが、それは両人が信長に彼を紹介せんがためであっ

た。信長は建築作業に従事しており、遠方から司祭が来るのを見ると、濠橋の上に立って彼を待った。[*1]同所では六、七千人以上の人が働いていた。司祭が遠くから信長に敬意を表した後、彼は司祭を呼び、橋上の板に腰をかけ、陽があたるから帽子をかぶるようにと言った。そこで彼は約二時間、ゆったりした気分で留まって彼と語らった。

彼はただちに質問した。年齢は幾つか。ポルトガルとインドから日本に来てどれくらいになるか。どれだけの期間勉強をしたか。親族はポルトガルでふたたび汝と会いたく思っているかどうか。ヨーロッパやインドから毎年書簡を受け取るか。どれくらいの道のりがあるのか。日本に留まっているつもりかどうか、と。そしてこれらのあまり重要でない前置きの質問をした後、当国でデウスの教えが弘まらなかった時にはインドへ帰るかどうかと訊ねた。これに対して司祭は、ただ一人の信者しかいなくても、いずれかの司祭がその者の世話のために生涯その地に留まるであろうと答えた。ついで彼は、何ゆえ、都《ミヤコ》に我らの修道会の家がないのかと質問した。そこでロレンソ修道士は、穀物が発芽するに際しては、棘が非常に多く、たちまちそれを窒息せしめた。すなわち、仏僧たちは、ある名望ある人物がキリシタンになると認めるや、さっそく司祭を追放し、デウスの教えの宣布を阻止する手段を尽した。それゆえ、キリシタンになりたい者は多い[*2]が、この妨害に接して延期するのである。ところで、ここにイエズス会の家が一軒あったが、五年前に、司祭は不当にも理由なく同所から放逐されたのだ、と答えた。

さらに彼は、伴天連はいかなる動機から、かくも遠隔の国から日本に渡って来たのかと訊ねた。司祭は、日本にこの救いの道を教えることにより、世界の創造主で人類の救い主なるデウスの御旨に添いたいという望みのほか、司祭たちにはなんの考えもなく、なんらの現世的な利益を求めることなくこれを行なおうとするのであり、この理由から、彼らは困苦を喜んで引き受け、長い航海に伴ういとも大いなる恐るべき危険に身を委ねるのである、と返事した。

そこの全群衆は、信長がいとも真剣に聞き訊ね、伴天連が答弁している光景を固唾をのんで見守っていた。そこには多数の人々がかの建築を見るために訪れており、彼らの中には近傍のおびただしい仏僧たちも見受けられた。とりわけ数名は、どのような会話がなされているか傾聴していたが、信長は尋常ならぬ大声の持主であったから、声を高め、手で仏僧の方を指さし、憤激して言った。「あそこにいる欺瞞者どもは、汝ら伴天連たちのごとき者ではない。彼らは民衆を欺き、己れを偽り、虚言を好み、傲慢で僭越のほどはなはだしいものがある。予はすでに幾度も彼らをすべて殺害し殲滅しようと思っていたが、人民に動揺を与えぬため、また彼ら（人民）に同情しておればこそ、予を煩わせはするが、彼らを放任しているのである」と。

そして好機会が到来したので、司祭は、殿はすでに和田殿の報告で御承知のことに違いないが、司祭らは日本においていかなる名誉も富も名声も、その他なんらの現世的な一時的な利益を求めてはおらず、ひたすらデウスの教えを説き、人々に宣布することだけを望んでいる。ところで殿は今や日本では最高の権力を有せられ、娯楽なり慰安として自分が説く教えを日本の宗旨と比較することができ給うのであるから、何とぞ恩寵をもって、比叡山《ヒエノヤマ》の大学や紫《ムラサキ》の禅宗寺院の*3もっとも著名でもっとも高位の学者たち、また宗教に造詣の深い坂東から来ている幾人かの学僧を召集し、一党に偏しない審判官を立てて宗論させて下さるよう懇願申し上げる。その際、私ども司祭が負かされれば、司祭は無益、かつ不必要な者として全き理由をもって都から追放処分に付されても結構であり、反対に仏僧が敗北したと思われれば、彼らがデウスの教えを聞き、それを受け入れる義務を負うようにしていただきたい。これがなされぬかぎり、司祭たちは、彼らの宗教を攻撃し彼らに反対するので、つねに異国人として憎悪や秘密の陰謀によって迫害され、我らの根拠とするところや論証の力なり明確さを彼らに対して判然と立証できませぬ、と述べた。

これに対し彼は微笑し、家臣の方に向きを転じ、大国からは大いなる才能や強固な精神が生じずにはおかぬものだ、と言った。また他方、司祭に向かっては、「はたして日本の学者たちがそのような宗論に同意するかどうかは判らない。だが他日、一度そのようになるかも知れぬ」と述べた。

さらに司祭は、自分が都に自由に滞在してもよいとの殿の允許状を賜わりたい。それは殿が目下、私に示すことができる最大の恩恵の一つであり、それにより、殿の偉大さの評判は、インドやヨーロッパのキリスト教世界のような、殿をまだ知らない諸国にも拡がることであろう、と恩寵を乞うた。

これらの言葉に接し、彼は嬉しそうな顔つきをした。司祭は、彼が公方様を、その大いなる威儀と名誉をもって、彼の兄の旧位に復帰せしめることで示した顕著な正義の業をいたく賞讃した。そしてこれらすべてのことにおいて、司祭の後ろにいた和田殿と佐久間殿は、時々彼を助け、帆にいっそうの風を送ったが、彼らは信長の前で、地位と名誉において最高の者であったのである。

終りに彼は、司祭との交際が気に入ったことを認めさせ、爾後、貴僧と語るために呼びにやろうと言った。そして和田殿に向かい、「貴殿は伴天連に同行し、予がこの宮殿と城の中で、天下《テンカ》の君のために造営したすべての建物をゆっくり全部見物させよ。また、公方様が彼を引見し、予と同様に彼と交わるために、彼の許へ連れて行くように」と述べた。それは和田殿にとっては宝石のよう（な発言）であり、司祭にとっていとも名誉なことであり、異教徒の許における教会の名声に関してははなはだ有益なこの恩寵を、彼は、ある点ではキリシタンたち自身よりいっそう願っているように思われた。彼は司祭に宮殿を見物させ、公方様を訪れるために同行したが、キリシタンたちはこれをきわめて喜んだ。（中略）

五畿内のすべてのキリシタン全般の喜びは、司祭が都へ連れ戻され、ふたたびその最初の教会を獲得するのを見るまでに高まった。だが一同にはなお大いなる恐怖や心配がないではなかった。すなわち司祭は五年前に内裏の允許によって都から放逐されたのであり、その撤回はむつかしく思われた。そこで彼らは、どこかで他の予期せぬ不幸が生じ、司祭がよりいっそうひどく侮辱され、キリシタン宗門の失意のうちに、ふたたび同所から追放されるのではないかと恐れていた。ところで彼らの懸念をさらに強めたのは、主要な寺院や偶像を祀る寺のすべての仏僧の長老たち、諸城の司令官、堺のような都市や大きい町などは、朱印《シュイン》と称される赤インキの印がある信長の允許状をもらわないと、皆、自らの収入、城塞、寺院などが安全でないと思っているのを見て、またそのために、彼らはその土地や場所の性質に応じ、通常これを入手しようとして多額の金銀をもたらすのに接したことである。すなわち、ある者は一万クルザード、ある者は五千、六千（クルザード）を提供し、[*4]また仏僧らは十五本、二十本の金の棒を差し出した。そしてたえず信長と用件があった高位の貴人や市民は、彼がインドやポルトガルからもたらされた衣服や物品を喜ぶことに思いを致したので、彼に贈られる品数はいともおびただしく、非常に多量の品がかくも遠隔の地に、どこから運ばれて来るのか、日本人がどこでそれらを購入できるのかわからないまま、人々は互いに驚嘆し合った。彼らが彼に提供した品々は、ヨーロッパ製の衣服、緋色の合羽《カーパス・デ・グラン》、縁なし帽子、羽がついたビロードの

(縁付き) 帽子であり、聖母マリア像がついた金のメダイ、コルドバ産の革製品、時計、豪華な毛皮外套、非常に立派な切子ガラス、緞子絹、インド製の他の種々の品等[*5]で、それらで多くの[*6]大きい箱が充満している有様であった。

允許状を獲得する可能性がかくて延引していた間、都の数名の名望あるキリシタンは、密かに司祭になんら相談することなく、三本の銀の延棒を集め、これでもって允許状の作成を促進してもらおうとして和田殿に手渡した。しかしこれは信長に差し出し得る贈物では全然なかった。和田殿は賢明な人であったからそれを認めた。だがその賢明な配慮から、キリシタンたちを悲しませないために、それらを家臣の一人に渡すようにと言った。ついで彼は、司祭から説得されたのではなく、自発的に都で銀の延棒七本を借り受け、これに三本を加え十本とした。[*7] そして彼は絶えず好い機会を待った。彼はそれを懐に携え、司祭の名で信長に差し出し、伴天連は貧しく異国の者であるから、これ以上贈呈できず、殿にこんなに小額の品を届けることは失礼にあたるので、自ら携えて来なかったのである。それゆえ、少なくとも彼の善意を受け取ってやっていただくよう切にお願い申し上げる、と言った。

そこで信長は笑い、予には金も銀も必要ではない。伴天連は異国人であり、もし予が、彼から教会にいることを許可する允許状のために金銭の贈与を受けるならば、予の品位は失墜するであろう、と語った。その他、彼は和田殿に向かい、「汝は予がそのように粗野で非人情に伴天連を遇すれば、インドや彼の出身地の諸国で予の名がよく聞こえると思うか」と言い、むしろ和田殿が、無償でさっそく気に入るような允許状を作成し、それで良いか伴天連に問い合わせ、予がそれに捺印するように取り計らうべきだ、と付言した。和田殿は入念にただちにこれを行ない、司祭やキリシタンたちが目を通し得るように写しを教会に届け、この件の喜ばしい報せを伝えるために、修道士ロレンソを呼びにやらせた。ところでこの日本の允許状はきわめて簡潔なものであるから、我らの言葉に翻訳し、その内容を次に掲げる。

　御朱印《ゴシュイン》[*8]すなわち信長の允許状

伴天連が都に居住するについては、彼に自由を与え、他の当国人が義務として行なうべきいっさいのことを免除す。我が領する諸国においては、その欲するところに滞在することを許可し、これにつき妨害を受くることなからしむべし。もし不法に彼を苦しめる者あらば、これに対し断乎処罰すべし。

永禄《エイロク》十二年四月八日[*9]、これをしたたむ。

その下には、「真の教えの道と称する礼拝堂にいるキリシタン宗門の伴天連宛」とあった。

さらに信長は公方様に対し、自分はすでに朱印《シュイン》を伴天連に授けたから、殿も制札《セイサツ》なる允許状を彼に授与されるがよい、と言わしめた。そして和田殿がなした良き執り成しにより、これはさっそく交付されたが、その訳文は次のとおりである。

公方様の制札

伴天連が、その都の住居、または彼が居住することを欲する他のいずれかの諸国、もしくは場所では、予は他の者が負うているいっさいの義務、および（兵士を）宿営（せしめる）負担から彼を免除する。しこうして彼を苦しめんとする悪人あらば、そのなしたることに対し処罰されるべし。

永禄十二年四月十五日、[*10] これをしたたむ。[*11]

これらの允許状に捺印された後、和田殿はただちにそれらを司祭の許に届け、爾後彼がこれについてどうすべきかを忠告した。（右の允許状は）両方とも板の上に大きい日本文字で書かれ、教会の門に掲げられたが、異教徒の兵士たちには、同所が彼らの宿営にあらざることを知らしめ、同様に町内の住民には、彼らが教会に賦課をもって煩わしてはならぬことを知らしめるためであった。市《まち》の義務に関することであれば、仏僧や寺院も俗人同様に、それを果さねばならなかったのであり、教会は、それらすべてのことから免除されることが人々に告示されたのである。これは和田殿が当時、教会に示し得た最大の好意の一つであった。

允許状に捺印された翌日、和田殿は謝意を表するためにふたたび司祭を信長の許に導いた。[*12] 司祭が建築場で信長を見つけると、彼は司祭をいつもの好意をもって迎え、和田殿に対してもう一度すべての建物を見物せしめるように命じた。城中での途すがら、和田殿は司祭に、まるで一人の愛情に満ちた父親が、心から愛された息子に教える時にはこうであったと思われるように、信長と語る際に彼がとるべき方法、仕方、すなわち彼の建築とその華麗さを賞讃し、この允許状の写しをインドとポルトガルに送り、同所で彼が示した好意ある態度を人々に知らしめると述べるようにと指示した。司祭はその手をとって導いてくれていた和田殿に対し、日々御身から示された恩恵はいとも深く、これに対しては何をもって感謝してよいかわからぬほどで、御身をキリシタンに導くことを衷心より願うほかはない、と述べた。彼は微笑みながら、私は心中ではすでにキリシタンであり、信長が美濃国へ帰ったら説教を聞く時間がもっと与えられよう、と答えた。

(中略)

四、五日後、和田殿はさらに一度司祭を訪れて来た。彼は百五十名を率いており、自ら、一同は外に留まるようにと指示した。ついで彼は一子と、同行した公方様の政庁の六、七名の貴人のみを伴った。キリシタンたちは、全力を尽して彼をもてなし、和田殿は彼らに対して、何か必要なことはないか、と愛情ある言葉を述べた。そして司祭に向かっては、自分と同行し、先に司祭から見せてもらった非常に精巧な小さい目覚時計を携行するように、信長にこれについて話したところ、彼はそれを見ることを切望しているから、と語った。彼らは出向き、二、三名の貴人しか伴っていない信長に会った。彼は時計を見、大いに感嘆し、二度か三度それを献上することを申し出ていた司祭に対し、「予は非常に喜んで受け取りたいが、受け取っても予の手もとでは動かし続けることはむつかしく、駄目になってしまうだろうから、頂戴しないのだ」と言った。彼は司祭を自室に入らせ、自ら飲んでいた同じ茶碗から二度茶を飲ませ、日本できわめて珍重される美濃の干した無花果《フィゴ》（干柿）が入った四角い箱を与えた。彼は二時間、司祭とともに語り、彼およびロレンソ修道士にヨーロッパやインドのことを訊ね、和田殿はその間廊下の外に跪いていて、彼にできることなら何かと援助した。司祭が辞去するに先立ち、信長は彼に、予は領国へ赴こうとしている。されば伴天連は、予の出発前にもう一度来訪されよ。そしてまだ予は一度も見ていないことだから、ヨーロッパの錦織りの衣服[*13]を見せてもらいたい、と言った。（以下略）

＊1　その場所が二条城であることは明らかであるが、月日は不確かで、一五六九年四月十九日、すなわち永禄十二年四月三日と推定できるにとどまる。

＊2 フランシスコ・ザビエルの上洛を別として、都における布教は一五五九（永禄二）年にヴィレラ師が日本人修道士ロレンソを伴って入京した時から開始されたが、布教成果ははなはだ芳しくなかった。一五七一年五月二十五日付、都発信のフロイス書簡は、当時における都のキリシタンの状況や、同司祭の心境をもっともよく物語るものであるが、とりわけ彼は次のように述べている。少数の都のキリシタンは、その約三分の一の者がこの七年間に病死するか戦死した。当地方は「（日本の）神々に対する信仰が盛んで」あり、「文学の研究と文化が進歩しているから」キリシタンになった者は尊敬されず、迫害を受けるので、十分に教育し信仰を強くしておかなければ背教者となる危険が大きい。時々遠国から来て洗礼を乞う者があるが、右の理由から容易に授洗しない（C I. f. 306 v.)。当国の事情に通じた者は「都において日本人一人を帰依せしめるのは、他の何国において二百名を帰依せしめるより不思議なことと思うべきである」（C I. f. 309～v.）と。また、フロイスは、一五七七年九月十一日付、豊後発信の書簡において、「（都内外の）地方全体で、これまで十七、八年間に獲得されたキリシタンは、約千五百人を出なかった」（Joseph Franz Schütte S. J.; Valignanos Missionsgrundsätze für Japan. Roma. 1958. I-2. pp.138～139）と報じている。

＊3 比叡山延暦寺と紫野の大徳寺。

＊4 堺では四行の允許状を得るために四万クルザードを贈り、大坂よりは一万五千クル

ザードが提供された（C I. f. 261）。ちなみに日本側の史料によると、信長は堺に矢銭、二万貫、大坂本願寺に五千貫を課していた（『耶蘇会士日本通信』京畿篇、上、四五三―四五四ページ注）。

＊5　シナの羊皮、猟虎の着物（C I. f. 261 v.）。

＊6　十二ないし十五（C I. f. 261 v.）。

＊7　約二十八ドゥカード（クルザードに同じ）。

＊8　信長は「天下布武」の朱印を押したので、朱印状という（『耶蘇会士日本通信』京畿篇、上、四五五ページ注、『大日』十ノ一、三三ページ他）。

＊9　一五六九年四月二十四日。

＊10　一五六九年五月一日。

＊11　参考までに、永禄三（一五六〇）年に前将軍足利義輝が当時都に滞在していたガスパル・ヴィレラ師に授けた禁制を掲げる。

禁制

幾利紫旦国僧　波河（阿）伝連

一、甲乙人等乱入狼藉事

一、寄宿事付悪口事

一、相懸非分課役事

右条々堅被停止訖、若違犯輩者、連可被処罪科之由所被仰下也

仍下知如件

永禄三年　左衛門尉藤原対馬守平朝臣

（『室町家御内書案』改定史籍集覧、巻二十七）。

＊12　この時、砂時計と駝鳥の卵を携えた（C I. f. 262）。

＊13　原語は“vestimenta de borcado”

第五章（第一部八七章）

司祭が信長、および彼の政庁の諸侯の前で日乗上人《ニチジョウショウニン》と称する仏僧と行なった宗論について

（前略）日乗上人は[*1]、いとも鋭敏な頭脳の持主であったので、自らの知識、狡猾さ、雄弁を信頼し、ただちに都に至り、彼がはなはだ通暁し、かつ達者であった使者としての詭弁と戦いの計略をもって信長に奉仕するためにその家臣となった。彼はいとも巧みに処置したので、信長はまもなく彼の奉仕に大いなる満足を覚えた。信長はその政庁において上人にいっそうの権威と名声を授けるために、ある名誉ある使命を帯びさせて堺へ派遣した後、一人の貴人とともに、都で内裏のために新たに建てさせていた宮殿建築の監督権を授けた。[*2]彼はすでにあらゆる諸貴人たちに知られていたので、それによって彼の悪魔的な傲慢さと不遜さは最高潮に達した。彼は山口から来た時にすでに大いなるキリシタンの敵であったが、彼は望みのままに信長の許に自由に出入りしていた。

信長が自分の国に帰る前日、司祭は、一つには、一同がしたように彼に別離の挨拶を

行なうため、第二には、出発前にさらにもう一度訪れるようにと言われていたので、その二つの理由から彼を訪問した。

司祭が到着すると、信長は愛想よく彼を迎えた。信長は、各種の用件を片づけねばならない多数の人々が戸外にいたにもかかわらず、彼らをすべて待たせ、きわめて意欲的に司祭と語り始め、オルムス製の金襴の香マントについて訊ね、それを携えて来たかと問うた。司祭は、夜分であり、殿は非常に忙しく、しかも旅の御様子なので、今度都合よく都に帰られた時のために保管していた。だがいとも偉大な君主にお目にかけるためにはあまりにも粗末な品であるが携えて来た、と答えた。彼はそれをごくゆっくり観察し、着用するようにと司祭に言い、その祭服姿を賞讃し、華麗な印象を与えると語った。[*3]彼がこれを観察した後、司祭は、待機している幾多の用件を妨げぬように別離の許可を乞うた。信長は彼に対し、もっと留まるようにと述べ、司祭が彼にもたらした一束の蠟燭に手ずから点火した。

司祭が同所に赴く前日、[*4]日乗は悪魔の手足であり、デウスの教えの大敵であったので、信長の許に赴いており、殿は出発前に、伴天連を都から追放し、諸国からも放逐すべきである、これら伴天連のいるところでは、いたるところ混乱し破壊されたからだ、と切に乞うた。そして彼は幾多の他の言葉により、この点をきわめて強調し督促した。信長はほとんどすべての人を「貴様」と呼んだが、笑いながら彼に答え、「予は貴様が小胆なるに驚き入る。予はすでに彼に対し、都においてのみならず、彼が欲する他の諸国にも居住してよいとの允許状を下付しており、公方様も同様に付与しているから、彼を放逐しはせぬであろう」と言った。

和田殿はこれについて報告を受けると、さっそくロレンソ修道士を通じて司祭に伝えさせた。それゆえ司祭は、翌日信長に別れを告げようとした際、重ねて彼に、幾人かの悪意を抱いた仏僧らは、(彼我の)教えに異論があるために、殿の許で私を誹謗することがあり得るし、また私は異国人であって自分のことで弁護してくれる人は一人もないことゆえ、私の言葉を聞くことなしに彼らを信用なさることがないように願いたい。また私は都でまったく満足していることであるが、殿以外の他のいかなる人からも寵愛を受けていないから、殿は出発前に、都の奉行として残された和田殿に対して、その保護者となるように、司祭のことを委ねて下さるよう懇願申し上げる、と述べた。

信長は、仏僧らはなぜ彼に対して憎悪の念を抱くのかと訊ねた。そこでロレンソは、彼らと司祭の間には、熱さと寒さ、徳と不徳の間におけると同様の相違がある、と答えた。また彼は、汝らは神《カミ》や仏《ホトケ》を尊崇するかと訊ねた。フロイスとロレンソは答え、いな、神や仏はすべて我らと同じ人間で、妻子があり、生まれ死んだ者で、自らは救われず死から解放され得ぬ人たちである。したがって人類を救済することはなおさらできることではない、と言った。

日乗と司祭の宗論

信長の居室には、多数の諸侯、高貴な殿たちがおり、外の廻廊には貴人が充満し、総じて三百人くらいと思われた。司祭とロレンソ修道士は信長の傍におり、信長は非常に慇懃に、かつ愛想よく彼らと語らったので、これらの好意の一つ一つが日乗にとっては槍傷のような痛手であった。彼は憎悪の念に駆られるあまり、その悪魔的な欲望にかくも逆らう事柄をとうてい堪えることができなかったからである。だが日乗は偽装と偽りの柔和さをもって、信長に対し、「拙僧は、伴天連が説く教法を少しく承りたい。殿がここで彼がそれを拙僧にも説くように命じ給えば嬉しく存ずる」と述べた。信長はそれは好ましいことだと思い、ロレンソ修道士に対し、日乗に教えを説くように命じた。

豊かな弁舌の使い手で、才能と能力において仏僧に劣らず、徳操の友で、良き修道会員であるロレンソ修道士は、ほぼ間違いなく次のような言葉で語り始め、同席者はごく緊張してそれを傾聴した。（中略）[*5]

そこで日乗はまったく激昂し、唇を噛み、歯軋りをし、手足を震わせ、まるで火焔の中にいるかのように真赤な顔をし、眼を充血させて激怒に燃え、同席の国主（信長）に対する畏敬の念をまったく失い、弦から放たれた矢のように飛び上がり、司祭の傍を通った際、彼を罵詈し、後ろへ投げ倒さんばかりに激しくその胸もとを両手で掴み、信長の長剣、あるいは二握りの刀があった部屋の一角に突進し、その刀を握り、ごく昂奮しながらそれを鞘から抜いて言った。「しからば予は汝の弟子ロレンソをこの刀で殺してやろう。その時、人間にあると汝が申す霊魂を見せよ」と。

彼が鞘から刀を抜き始めた時に、信長およびその場にいた多くの他の貴人たちは素早く立ち上がって彼を後ろから抱き、刀をその手から奪い、一同は彼の恥知らずな暴挙を非難したが、信長は格別で、「日乗、貴様のなせるは悪行なり。仏僧がなすべきは武器をとることにあらず、根拠を挙げて教法を弁護することではないか」と言った。だが一方、日乗がこの暴行と騒動を犯していた間、司祭と修道士は、そのいた場所からまったく動かなかった。

これに堪えられなかった日乗は、さらに大いなる叫びと不遜さをもって、もう一度大声をあげ、デウスの教えを誹謗し、司祭を欺瞞者、魔法使いと呼び始め、彼をそこから追放するように信長に促し、七、八度それを繰り返したが、その督促に人々は耳をかさなかった。

その後ロレンソ修道士は、謙遜にかつ沈着に、「我らがいるこの邸は、貴僧のものでも司祭のものでもない。これら貴人御一同が知られるとおり、司祭はすでに前から辞去することを希望していたのであるが、殿が今まで引き留め給うたのである。それゆえ貴僧は司祭に会いたくなければ、貴僧の家に帰られるべきである。我らも殿のお許しがあれば引き返すであろう」と言った。

そこで信長は、「ロレンソが述べたことは当然のことで、日乗は信望を失墜した」と答えた。

ところで折から豪雨となり、夜も更けるに至ったので、信長はふたたび、「もう非常に遅くなり、雨も降り、道も悪くなろう。したがって伴天連が帰るなら、それもよかろう」と言った。そして彼は誰か提燈《ちょうちん》を持って先行するようにと命じ、和田殿は、彼を家に伴うために数人の貴人を派遣した。彼は日乗に対してひどく激昂していたので、信長の前でなかったならば、彼が日乗を殺すのを引き留めるのは困難なことであったろう。

同所に居合わせた総勢三百人の貴人、および都の人々はこのこと（上記の宗論）以外話す者はなく、彼らは皆異教徒であり、そのほとんどすべてはデウスの教えに対してあまり好意を抱いていなかったにもかかわらず、理性と真実に動かされ、「宗論での勝負は彼らで決めるがよかろう。だが日乗は仏僧でありながら、昂奮し、信長の面前であのように激怒し、刀をとり、礼節に反してあのような過誤を犯したのであるから、これは彼があそこで負けた明白な証拠と言うべきだ」と互いに語り合っていた。このように、またこれに類したことを市中で人々は話し、それらが日乗にとってはなはだ不快なことを彼は知らないわけではなかった。

＊1　上人は出雲の名族朝山家の出で、元、朝山五郎二郎善茂といい、一族多く歿したる後、美作、出雲を経て上洛、剃髪して日乗と称し、正親町天皇に仕え、しばしば禁中に出入りして日乗上人の号を賜わった（旧版『耶蘇会士日本通信』京畿篇、下、四―五ページ注）。奥野高広博士によれば、「朝山」は姓ではなく僧侶の字で、「日乗朝山《ちょうざん》」と称した（同氏著『信長と秀吉』六四―六五ページ）とあるが、『言継卿記』（巻四、三四三ページ）には「日乗上人弟朝山宗左衛門」と記されている。

＊2　『総見記』に「信長公、それより禁中の御修理仰付けられ、朝山日乗上人、島田所之助、村井民部丞三人を奉行に定めて御再興あり」（一一六ページ）、『信公』巻二に「抑《そもそ》も禁中御廃壊正躰なきの間、是れ又、御修理なさるべきの旨、御奉行、日乗上人、村井民部少輔、仰せ付けられ候らひき」（九五ページ）。

＊3　当時、在日イエズス会員の間では、服装について意見が分れ対立していた。これについては拙著『南蛮史料の発見』（八四―九二ページ）参照。

＊4　この前後の日付を明らかにしておく。一五六九（永禄十二）年、洋五月四日（邦四月十八日）またはその前日、フロイスは信長を訪問。洋五月五日（邦四月十九日）、日乗上人、信長を訪う。洋五月六日（邦四月二十日）、信長の面前において、フロイス師とロレンソ修道士、日乗上人と宗論を交える。洋五月七日（邦四月二十一日）、日乗上人、信長を訪う。この日、信長は岐阜に向かって都を出立す。

＊5　本書では省略するが、ここに長文の宗論の内容が掲載されている。彼はそれを事件

後まもない六月一日付書簡で報じているが、その同じ箇所（C I. f. 264～v.）と比較すると、論旨は同じであるが、内容をかなり異にし、「日本史」の方ははるかに敷衍している。他の例からも言えることであるが、彼はこの事件よりさらに十四年を経て「日本史」を執筆した際に、彼にとって劇的で誇り高く、ヨーロッパのキリスト教徒や後輩に感動をひき起こそうとして相当脚色した形跡がうかがわれる。宗論記事には、フロイスが自身の発言として掲げている数節があるが、その表現は相当高度であり、彼がはたして字句通りにそのように弁じ得たかどうかははなはだ疑問である。フロイスとごく親しい間柄にあった布教長フランシスコ・カブラルは、「在日宣教師の中では、十六年間（日本語）の研究を積んだルイス・フロイスがたしかにもっとも日本語に通じているが、そのフロイスでさえも異教徒の前では公然と説教することはなく、キリシタンの前で（説教するのにも）支障があるくらいである」「才能のある者でも告白を聞くのに少なくとも六年はかかり、キリシタンに説教するためには十五年以上かかる。異教徒に対する本来の説教というべきものは全然考えられない」（J. F. Schütte, op. cit.1951. I-1.pp.295, 321）と記している。カブラルが右の証言をしたのは、フロイスが来日してから十六年後のことであるが、上記の日乗上人との論争は、彼が来朝してわずか六年目のことであった（拙著『南蛮史料の研究』四二三―四二六ページ参照）。

第六章（第一部八九章）

ルイス・フロイス師が、信長の許で援助を求めるために美濃国に赴いた次第、ならびに信長が彼に示した寵愛について

本章は、司祭（フロイス）が美濃から帰った後、七月十二日付で豊後にいる司祭たちに宛ててしたためた書簡に基づいているので、その旅行中のことがいっそう明らかになるよう、この箇所に引用する。それは以下のようである。

（前略）私たち[*1]は夜半過ぎの三時[*2]に近江の湖上で乗船しました。翌日、私たちは同所から十三里距《へだ》たったところ（朝妻）に赴き、陸路をたどった後、近江の国を二日間旅行し、大部分が平地で山地が少ない美濃の国の領内に踏み込みました。[*3]そこには新鮮な緑の森と大河（長良川）があり、それを帆船で渡りました。途次、私たちは地上に投げられていた頭が欠けている多数の石の偶像を見ましたが、これは信長が、それらが安置されていた

仏龕《タベルナクロ》から取り出して放棄させたものでありました。

私たちは岐阜の市《まち》に至りましたが、人々が語るところによれば、八千ないし一万の人口を数えるとのことでした。私たちは和田殿が指示した家に宿泊しました。同所では取引きや用務で往来する人々がおびただしく、バビロンの混雑を思わせるほどで、塩を積んだ多くの馬や反物その他の品物を携えた商人たちが諸国から集まっていました。

このような有様で、営業や雑踏のために家の中では誰も自分の声が聞こえぬほどであり、昼夜、ある者は賭博し、飲食し、あるいは売買し、または荷造りをしてたえずやむ時がありませんでした。同家ではとうてい落ち着いておられず、私たち一同は二階で雑居していました。私たちは当初から二つの本当に困難な問題に際会したのです。その第一は、私たちが和田殿から得た紹介状の名宛人の殿も、私たちを信長の許で厚遇し援助してくれるはずの別の知人も、当時は皆政庁にはいませんでした。そこで私たちはそのうちの一人が帰るまで二、三日間、待機せねばならなかったのです。第二は、私たちの宿主は、内裏の綸旨《パテンテ》のことを承知しており、まるで私が追放された者のように、信長の援助と寵愛を懇請するために訪れていることを知っていましたので、私たちをなんら鄭重に取り扱わないばかりか、私たちを嫌悪し、私たちに会うことも語ることも望みませんでした。そして私たちが彼となんらか交渉しようとして彼を呼びますと、彼は憤激して荒々しく返事をし、私たちに会わないように出て来ようとしませんでした。つまり彼は、信長が私たちを引見せず、彼の許における私たちの努力の結果が悪くなることを怖れ、早く私たちを家から追い出そうと望んでいたのでありました。

二、三日を経、都から戻って来たかの二人（佐久間、柴田殿）が到着しましたので、私は翌日さっそく彼らの家に赴き、彼らが起きておれば話そうと待ち受けました。まず私は信長の軍勢の総司令官である佐久間（信盛）殿を訪問しました。彼は私たちを親切に迎え、さっそく信長と語り、汝が到着したことを知らせるために彼の許に赴くであろう、と言いました。ついで私たちは和田殿から紹介された柴田（勝家）殿の邸へ赴きました。彼は私たちを非常な喜びと好意をもって迎え、私たちが同家で食事をするまで帰宅させようとしませんでした。そして彼は、自分と佐久間殿は汝らを援助し、信長の許に赴くことができるようにしよう、と述べました。

私が都から美濃国に行きました当時、日乗とその弟子の異教徒たちは、信長が内裏の詔勅に基づいて、私を殺すために私を捕縛したとか、将来一人のキリシタンも、その痕跡も都には残らなくなり、その教えは全滅するであろう、との噂を市中《まち》に弘めました。

（中略）

かの二人の殿が、同日の午後、信長の許に赴いて、私がこの地にいることを告げましたところ、彼はそれを喜び、彼らに向かって、「内裏が綸旨《リンシ》をもって、伴天連を都から追放するか殺すがよい、と述べたのははなはだ遺憾である。伴天連たちがいる諸国はどこでもただちに破壊される、と人々は想像するが、予にはこれほど滑稽な話はこの世にないと思う。ところで予は、彼が異国人であるため彼に対して抱いている同情から、このように寵愛するのであり、彼は都から追放されはしない」と語りました。ついで彼は、非常に愛好していた音楽を聞いた後、新しいその宮殿建築を見に出かけて行きました。その際、彼は私に会い、かなりの時間立ったまま私とともにいて、私が到来したことを喜ぶ様子を示しました。彼は私に、いつ着いたのかと訊ね、汝が予に会うために、かくも遠隔の地に来るとは考えてもみなかった、と言いました。ついで彼は、かの二人の殿、および公方様の他の三人の貴人、ならびにデウスの教えの極端な大敵で、法華宗の新宗派を創始し、後に信長が斬殺させるに至った竹内《タケノウチ》三位《サミ》（季治[*4]）という者、また都の二人の楽師、ロレンソ修道士、これらの人たちだけといっしょにその新しい宮殿に赴き、六百人ほどの貴人は外に留まりました。

　信長は禅宗の教えに従って、来世はなく、見える物以外には何ものも存在しないことを確信しており、きわめて富裕なために、他のいかなる国主も己れを凌駕することがないように望んでおります。さらに彼は自らの栄華を示すために他のすべてに優ろうと欲しています。それゆえにこそ、彼は多額の金子を費やし、自らの慰安、娯楽としてこの宮殿を建築しようと決意したのであります。宮殿は非常に高いある山の麓にあり、その山頂に彼の主城があります。驚くべき大きさの加工されない石の壁がそれを取り囲んでいます。第一の内庭には、劇とか公の祝祭を催すための素晴しい材木でできた劇場ふうの建物があり、その両側には、二本の大きい影を投ずる果樹があります。広い石段を登りますと、ゴアのサバヨ[*5]のそれより大きい広間に入りますが、前廊と歩廊がついていて、そこから市《まち》の一部が望まれます。

ここで彼はしばらく私たちとともにおり、次のように言いました。「貴殿に予の邸を見せたいと思うが、他方、貴殿には、おそらくヨーロッパやインドで見た他の建築に比し見劣りがするように思われるかも知れないので、見せたものかどうか躊躇する。だが貴殿ははるか遠方から来訪されたのだから、予が先導してお目にかけよう」と。

信長の習慣および性格から、たとえその寵臣であっても、彼が明白な言葉で召喚したのでなければ、誰もこの宮殿の中へは入らぬのであり、彼は入った者とは外の第一の玄関から語るのであります。当時、いっしょに入ったすべてのかの殿たちにとっても、宮殿を見るのはこれが初めてのことでありました。その他、同所には、大工たちと建築に立ち合う四人の若い貴人がいるのみでありました。

(宮殿)内の部屋、廊下、前廊、厠は数が多いばかりでなく、はなはだ巧妙に造られ、もはや何もなく終りであると思われるところに、素晴しく美しい部屋があり、その後に第二の、また多数の他の注目すべき部屋が見出されます。私たちは、広間の第一の廊下から、すべて絵画と塗金した屏風《ビョウブ》で飾られた約二十の部屋に入るのであり、人の語るところによれば、それらの幾つかは、内部においてはことに、他の金属をなんら混用しない純金で縁取られているとのことです。これらの部屋の周囲には、きわめて上等の材木でできた珍しい前廊が走り、その厚板地は燦然と輝き、あたかも鏡のようでありました。円形を保った前廊の壁は、金地にシナや日本の物語《イストリアス》（の絵）を描いたもので一面満されていました。この前廊の外に、庭《ニワ》と称するきわめて新鮮な四つ五つの庭園があり、その完全さは日本においてははなはだ稀有なものであります。それらの幾つかには、一パルモの深さの池があり、その底には入念に選ばれた清らかな小石や眼にも眩い白砂があり、その中には泳いでいる各種の美しい魚が多数おりました。また池の中の巌の上に生えている各種の花卉や植物がありました。下の山麓に溜池があって、そこから水が部屋に分流しています。そこに美しい泉があり、他の場所にも、宮殿の用に思いのまま使用できる泉があります。

二階[*6]には婦人部屋があり、その完全さと技巧では、下階のものよりはるかに優れています。部屋には、その周囲を取り囲む前廊があり、市《まち》の側も山の側もすべてシナ製の金襴の幕で覆われていて、そこでは小鳥のあらゆる音楽が聞こえ、きわめて新鮮な水が満ちた他の池の中では鳥類のあらゆる美を見ることができます。

三階は山と同じ高さで、一種の茶室が付いた廊下があります。それは特に精選されたはなはだ静かな場所で、なんら人々の騒音や雑踏を見ることなく、静寂で非常に優雅であります。三、四階の前廊からは全市を展望することができます[*7]。

その後、彼は、ロレンソ修道士と私を、二、三人の特別な寵臣とともに伴って、茶《チャ》の《ノ》湯《ユ》の室、および彼が同所で所蔵していた他の高価な品を見せました。

私たちが下の一階の部屋に戻りました後、彼は一人の非常に小さく華麗な衣服をまとった小男を駕籠に乗せて連れて来て、踊ったり歌わせたりしましたが、同席の人々には大いに慰めとなりました。

彼はそこから出て、第一の広間の他の前廊に行き、そこで各種の、私たちヨーロッパのものとは異なった食物を私たちに供しましたが、それらは彼らの様式では甘い物からなるオヤツに相当しました。そして以上のことで、彼は同日の午後、私たちと別れました。

美濃の国、またその政庁で見たすべてのものの中で、もっとも私を驚嘆せしめましたのは、この国主（信長）がいかに異常な仕方、また驚くべき用意をもって家臣に奉仕され畏敬されているかという点でありました。すなわち、彼が手でちょっと合図をするだけでも、彼らはきわめて兇暴な獅子の前から逃れるように、重なり合うようにしてただちに消え去りました。そして彼が内から一人を呼んだだけでも、外で百名がきわめて抑揚のある声で返事しました。彼の一報告を伝達する者は、それが徒歩によるものであれ、馬であれ、飛ぶか火花が散るように行かねばならぬと言って差支えがありません。都では大いに評価される公方様の最大の寵臣のような殿も、信長と語る際には、顔を地につけて行なうのであり、彼の前で眼を上げる者は誰もおりません。彼と語ることを望む、政庁になんらか用件のある者は、彼が城から出て宮殿に下りて来るのを途上で待ち受けるのです。すなわち何ぴとも登城してはならぬことは厳命であり、犯すべからざる禁令で、彼は登城をごくわずかの人に許可しているに過ぎません。

その後二、三日して、尾張の国から（大津）伝十郎殿《デンジュウロウドノ》＊8という若い貴人が来ました。彼は信長の大の寵臣で、私たちは彼に宛てた和田殿の紹介状を持参していたのです。彼は非常に喜んで私たちを迎え、自分のところで私たちに食事を供させ、国主（信長）の許で私を援助しようと約束しました。

さて、信長は、自分の方では私が都に居住できるよう好意を示したいと言っていましたし、（私の請願に対する）証明書が下付されるのをいつまでも待っていると、私たちの措置（岐阜訪問のこと）からなんらかの成果を聞きたいと切望しているキリシタンたちに対してはあまりに遅くなりますので、私は同行していた（ナカイ）ルイスというキリシタンを派遣して、都のキリシタンに宛てた一書を携えさせ、その中で、国主（信長）がいかに私たちを寵遇したかを知らしめ、加えて私たちはまもなく良い決定を携えて帰るであろうと述べました。私たちはさらに彼を通じて一書を和田殿に送り、その中で、信長に対して別の一書状をしたためていただきたく、私は美濃でそれを待とうと思う。またその書状の中で、私に対する公方様の意図について聞知したこと、および内裏においてもなんら異存はないと、内裏の名で公家が与えた返答を信長に対して述べてもらいたい、と願い出ました。都のキリシタンにとって、ルイスがこの報告を同地にもたらした時の喜びは大きいものがありました。和田殿はそこから二十里の兵庫《ヒョウゴ》にいました。そのキリシタンは書状を携えて出かけました。彼は非常な喜びをもって迎えられ、和田殿はまるではなはだ近い親戚の者に対するようであり、信長が私たちに示した寵愛について詳細に質問しました。

このキリシタンが出発しました後、翌日、伝十郎殿なる若者が、私たちのことを話すために国主（信長）の許に赴き、ロレンソと私がしたためたもので、公方様に私たちを寵遇するようにと要望する内容の四、五行の一書を信長に届けました。信長は、それを見てこれは短過ぎ、予は気に入らぬ、と言いました。彼はさっそく書記を呼び、その書記は同所で信長の前に跪いて別の一書をしたため、とりわけ公方様にあっては、伴天連を保護されたい、と願うところがありました。伝十郎殿はこの書状に信長の印を付して私に交付しました。そして彼自身、私のことで二通の書状をしたため、一通は和田殿に、一通は日乗に宛て、信長が私に示した愛情と好意を叙して、その寵愛を十分に証明しました。だが彼はその後すぐに戦場へ出発しましたので、私は後に越前の国主となりました柴田殿の邸に赴き、どうか信長の許へ私を通していただきたい、信長に、私の問題を解決して下さったことを感謝し、また同時に別離の挨拶をしたいのですと願いました。柴田殿は私たちをふたたび同家において、彼の大の友人である和田殿が示したのに劣らぬほど満足の意を表して饗応し、ついで私を国主の許に導きましたので、私はふたたび信長と語らいました。彼は大勢の貴人がいる前で私に向かい、「内裏も公方様も気にするには及ばぬ。すべては予の権力の下にあり、予が述べることのみを行ない、汝は欲するところにいるがよい」と申されました。彼は、いつ出発するのかと訊ねました。私はすでに殿の指令を受けたことですから、明朝出立しようと思うと言いました。すると彼は、汝の出発は早過ぎる。明日、城（天守閣）を見せたいから、なお二日間延期せよ、と答えました。そして彼はさっそく、もっとも高貴な殿の一人を呼び、明日、予の邸で十分よく饗応するように、予の貴人、および都から来た貴人ら七、八名は、伴天連とともに食事するために同所へ来させよ、公家《クゲ》日野殿《ヒノドノ》の一子*9も同様に予に代って伴天連を饗応するためにそこへ行かせよ、と述べました。

　信長の家臣と、諸国から用務のために政庁に来ていました他の多数の貴人たちは、我らの主なるデウスが、信長を通して我らに示し給う好意について驚嘆し、驚いたことだ、信長の身分や性格から、こうも新奇で異常な行為は何によるものかわけがわからぬ、と語りました。彼らが不思議がるのは当然でした。けだし彼らは、万《よろず》のことは、あらゆる善と慈悲の尽きない泉（であるデウス）から出ていることを知らなかったからであります。

翌朝、私たちを招くことになっていました中川殿《ナカガワドノ》（八郎右衛門重政）という貴人は、二度使者を私たちがいる家に派遣し、食事の用意ができ、私たちを待っている、と伝えました。私たちは同所へ赴きましたが、この異教徒の司令官は自分に命ぜられた義務に従って、この食事が豪華であるよう、日本で供し得る最善のものを出すように奔走したと思われました。そして私たちが食卓にいました間、信長のところから二度使者が来て、すでに食事が終ったら、柴田殿は伴天連を城に連れて来るように、上様は私たちをお待ちである、と伝えて来ました。

私たちはただちに出発しました。そして山へ登って行く途中に、一つの堡塁が設けられており、その下には人々が通る非常に大きい入口が付いていました。堡塁の上部には、十五ないし二十名の若者が昼夜つめかけ、不断の見張りに当っており、互いに交替していました。上の城に登ると、入口の最初の三つの広間には、約百名以上の若い貴人がいたでありましょうか、彼らは各国の最高の貴人たちの息子らで、十二ないし十七歳であり、下へ使命を届けたりもたらしたりして信長に奉仕していました。同所からは何ぴともさらに内部へは入れませんでした。なぜならば、彼は内部においては、貴婦人たちおよび、息子の王子たちによってのみ仕えられていたからであります。すなわち奇妙《キミョウ》とお茶箋《オチャセン》で、兄は十三歳、*10 弟は十一歳*11くらいでありました。

私たちが到着しますと、信長はただちに私たちを呼ばせ、私たち、ロレンソ修道士と私は中に入りました。[*12] 彼は次男に茶を持参するように命じました。彼は私に最初の茶碗をとらせ、彼は第二番目のをとり、第三のを修道士に与えさせました。同所の前廊から彼は私たちに美濃と尾張の大部分を示しましたが、すべて平坦で、山と城から展望することができました。

この前廊に面し内部に向かって、きわめて豪華な部屋があり、すべて塗金した屛風で飾られ、内に千本、あるいはそれ以上の矢が置かれていました。

彼は私に、インドにはこのような城があるか、と訊ね、私たちとの談話は二時間半、または三時間も続きましたが、その間彼は、四大[*13]の性質、日月星辰、寒い国や暑い国の特質、諸国の習俗について質問し、これに対し大いなる満足と喜悦とを示しました。

この談話の半ばに、彼は年少の息子を呼び、密かに内に入らせて私たちのために晩餐の仕度をさせましたが、これははなはだ新奇で、彼の性格から特異なことであり、その家臣は一人としてかつてこのようなことを彼がするのを見たことがなかったのです。その後しばらくして彼は立ち上がって内に入り、私はひとり前廊に留まっていました。そこへ彼は思いもよらず自ら私の食膳を持って戻って来、次男はロレンソのために別の食膳を運んで来て、信長は「御身らは突然来られたので、何もおもてなしすることができぬ」と言いました。そして私が彼の手から食膳を受け取って、彼が私に示した親切に対し感謝の意を表してそれを頭上におし戴いたところ、信長は、「汁《シル》〔米飯に添えて食べるスープ〕をこぼさぬよう、真直ぐに持つように」と言いました。まだ幼かった彼の息子たちは不思議に思い、かつて彼らは、彼がしたことがないような特別扱いをするのに接して、じっと眺めていました。

私たちがこの座敷《ザシキ》で食事をしました後、信長がまだ内にいました間、その息子である君は袷《アワセ》と称する絹衣、および他のはなはだ美しい白い亜麻布（帷子）一枚を携えて来て、父君は、貴殿がさっそくこれを着るように申されました、と語り、ロレンソ修道士には別の上等な白衣を贈りました。私たちがそれを着ました時に彼はふたたび自分がいた場所へ私たちを呼びました。そして私たちを見ると非常に満足し、「今や汝は日本の長老のようだ」と言いました。そして彼は息子たちに向かい、「予がこうしたのは、伴天連の信望や名声を高めさせるためだ」と語りました。また私に向かっては、しばしば美濃へ来訪するように、夏が過ぎれば戻るがよいと言いました。そして彼は私たちに別れを告げながら、柴田殿を呼び、私たちに城の全部を見せるように命じましたが、彼はそうしたことを大いなる愛情に満ちた言葉でしたのでした。（以下略）

一五六九年七月十二日、都において。

＊1　一五六九年五月七日（邦四月二十一日、『言継卿記』巻四、三二八ページ、Cf.

265）、信長は京都を発ったが、本年一月の本圀寺の変に不安を感じた将軍義昭は信長に警護の者を残し置くよう乞うところがあったので、信長は木下藤吉郎を在京せしめた。信長が離京するやいなや、日乗上人はただちに活潑な活動を始めた。「日本史」が詳述し、六月一日付のフロイス書簡も確認しているところであるが、日乗上人は洋五月十一日に伴天連追放の綸旨を獲得した。『御湯殿上の日記』（巻六、五一四ページ、『大日』十ノ二、一六五ページ）に「四月二十五日（洋五月十一日）はてれん、けふりんしいたされて、むろまちとの（室町殿義昭）へ申され候」とある。これに関連しフロイスは、自らとロレンソ修道士、和田惟政、日乗上人の間における交渉を詳述しているが、「日本史」では月日が混乱しているので、次に順序立てておく。洋五月十一日（邦四月二十五日）、伴天連追放の綸旨、日乗上人に下付される。洋五月十二日（邦四月二十六日）、結城山城守は、フロイスに右の件を急告するところがあり、フロイスはロレンソを和田惟政の許に派遣。日乗上人、惟政あい前後して将軍義昭を訪う。洋五月十三日（邦四月二十七日）、日乗、フロイス、あいついで将軍を訪問。洋五月十五日（邦四月二十九日）、フロイスが堺へ赴こうとしているところへ、使者が来て、綸旨が公表されたことを告げたので、フロイスは引き返し、惟政を訪い、堺へ向かう。洋五月十七、十八日（邦五月二、三日）、日乗、教会の町民に出状。ロレンソは惟政を訪問。惟政は、町民の許へ使者を派遣。フロイス、堺から帰京す。洋六月一日（邦五月十七日）、日乗は惟政に書状をしたたむ。フロイスはこの書状を都で見、同夜キリシタンと協議し、美濃の信長を訪うこととし、翌早朝、出発、坂本に向かい、同地に三日間滞在す。

*2　同行者はロレンソ修道士のほか、コスメ（C I. f. 267 v.）とナカイ・ルイス（C I. f. 270 v.）であった。なお本章は、この旅から帰って後、七月十二日付で都から出した書簡を直接引用しているので、他の章と文体が異なる。

*3　山科言継卿は一ヵ月半後、同じ道順を辿って岐阜、さらに三河に赴いたことをその日記に詳述した（『大日』十ノ三、七八—一〇三ページ）。

*4　竹内三位、季治真滴。『晴右公記』（『大日』十ノ三、九〇五ページ）に「竹内三位」。『御湯殿上の日記』（巻六、一八五ページ）に「たけのうち殿」。

*5　拙稿「黄金のゴア盛衰記」（『歴史と人物』一ノ三号）参照。

*6　フロイスは「日本史」の中で、七層であった安土城を「七階」と記していることからも、この岐阜の場合、文意からも、日本ふうに二階のことを「二階」と述べていると認められる。しかし西欧では階を二階から一階として数えるので、後述するように都の被昇天の聖母教会に二階を設けたと彼が述べているのは、日本ふうに言えば三階にあたる。

*7　フロイスはこの岐阜の城についても、安土城についても清潔な美しさに感動した記事を書き連ねているが、十七、八世紀以前のヨーロッパの都市がきわめて不潔であったことを知る必要があろう（鯖田豊之著『文明の条件——日本とヨーロッパ』講

談社、昭和四十七年、参照)。
＊8　天正七年三月十三日、高槻で病死(『総見記』巻十九、三〇一ページ)。
＊9　正五位上左少辨輝資、十五歳。
＊10　信忠、弘治三(一五五七)年生まれ、当時十二歳。
＊11　信雄、永禄元(一五五八)年生まれ、当時十一歳。
＊12　贈物としてシャツ一枚、セイラのシロウラおよび紅色の上履(C I. f. 273 v.)。
＊13　"quatro elementos" 地水火風の四元素。

第七章（第一部九五章）

高槻でさらに生じたことについて、ならびに日本布教長フランシスコ・カブラル師が当（一五）七一年に都地方を訪れた次第

（前略）フランシスコ・カブラル師は、[*1]下《シモ》の地方を訪問し、司祭や修道士たちに布教をいかに発展させるべきかについて指示を与えた後、都地方を訪れることを決意した。彼はこのため通訳兼同行者として日本人修道士のジョアン・デ・トルレスを伴ったが、彼は誕生の八日後に山口でコスメ・デ・トルレス師から受洗した者であった。堺、河内国、津の国および都のキリシタンが彼の来訪に際して覚えた慰安は大いなるものがあった。すなわち彼はメストレ・フランシスコ（・ザビエル）師以来最初の布教長であった。

この頃、信長は美濃国の岐阜にいた。そこでフランシスコ・カブラル師は都に到着後数日を経、都地方の上長ルイス・フロイス師と日本人修道士ロレンソ、ならびにコスメ

を伴って同地に向かい出発した。積雪が深く厳寒で、彼らは悪天候のもと出立したのであるが、美濃に達するまでに、五、六日を必要とした。

信長の傲慢と見栄は一通りでなく、あらゆる人々、ことに仏僧を軽蔑し、彼らに対して非常な嫌悪を抱いていた。彼は豊富にかつ美しい贈物を携えて訪問を望む者だけに会見を許し、しかもそれは大いなる好意であり、格別の寵愛と見なされるのであった。我らの主なるデウスは彼の心を動かし給い、彼が二名の異国人司祭に対し、その高慢な性格とはおよそ不似合いな特別の寵愛を示したことは、大いなる主の御摂理であった。すなわちこれにより彼はその政庁の諸侯諸貴人の許で、我らのことに対する見解や尊敬を非常に高めしめたのみならず、彼においては見馴れない度に過ぎた態度を示すことにより、一同を驚嘆せしめた。彼がなしたすべてのことのうち、我らはここでは若干の主要なことだけに言及しよう。

まず信長の秘書（武井肥後入道）夕庵《セキアン》が彼に、先年インドから来た日本の宣教師たちの布教長、および殿が以前から知っているルイス・フロイス師が殿の邸の近くにおり、彼を訪問しに来ていると告げた。信長はフランシスコ・カブラル師が下《シモ》の地方から自分を訪ねて来た労苦に驚き、感謝する。昼食後さっそく来訪するように、と答えた。信長は、自分に奉仕していた若い貴人や若い重立った人々に対し、「本日、ここにインドから来訪した高僧を賓客として迎えている。本日、一同は礼装をまとい、大いに美しく装って罷り出るように」と述べた。そして一同はそのようにした。

信長の政庁には、司祭たちが彼の許に至る時に、彼らを彼に通常紹介することになっている二、三の貴人がいた。だが彼はこれらの人々を退け、彼らより高位の一老人に今回この職務を担当するように命じた。ついで信長は彼らを階上に上げて自分の近くに坐らせ、彼らに多くの愛情に満ちた言葉を述べた後、突然別の部屋に赴き、おのおのの手に一枚ずつ二枚の茶皿を持って現われ、飲むために司祭らに渡した。信長は談話を続け、ロレンソ修道士に、日本の神《カミ》につき、なお伊弉諾《イザナギ》、伊弉冉《イザナミ》がこの国の最初の住民であるとの説をどう思うか、と質問した。信長はこの際、修道士から与えられた返答を喜び、修道士はデウスの正義と慈悲に関し詳細な談義を続けた。他の部屋で傾聴していたおびただしい数の貴人たちは、修道士の言葉を聞いて非常な喜びを示し、信長は彼ら以上に喜び、明白な言葉で、「これ以上に正当な教えはあり得ない。邪道に走る者がこれを憎悪するわけがよくわかる」と語った。信長は司祭を紹介した老人の林（佐渡守通勝）殿を自分のところに呼び、彼に誓って、「予は伴天連らの教えと予の心はなんら異ならぬことを白山権現《ハクサンゴンゲン》の名において汝に誓う」と言った。その時、以前に仏僧であり、信長が大いに信頼している（松井）友閑《ユウカン》なる老人が口を出して、「伊留満（修道士）がデウスの教えについていとも詳細に語り得ても、これは伴天連らが彼に教えこんでいるのだろうから予は驚かぬ。だが、彼が日本の諸宗の秘儀をかくも根本的に把握していることは、仏僧らにおいても稀なことで、予はその点で驚き入った」と述べた。

談義が終了した時、信長は修道士に、伴天連は魚や肉を食べるかと訊ねた。修道士は、「仰せのとおり、食べます。彼らが心の中で一つのことを信じながら、ほかで別のことをするようなことはいたさぬからである」と答えた。信長はことのほかこの答弁を喜び、一方では、そうすることによって、教義が魚や肉を食べることを禁じているにもかかわらず、密かにできるだけしばしば肉食を行なっている仏僧らの欺瞞と虚偽を諷刺した。

そして彼は司祭たちのために、非常な御馳走をこしらえるように、そして御器《ゴキ》のすべての道具、机（膳）、その他必要なものは皆新品で未使用のものにせよ、と命令した。

同所には公方様の使者の三淵大和殿《ミズブチヤマトドノ》（藤英）がいた。信長は彼が同所で司祭たちとともに食事をするように命じた。信長は三淵を、自らが司祭たちに示した寵遇と愛情の都での目撃者にならせるためにわざわざ彼を呼んだのであった。

食事の時間になると、信長は内部から第一の膳を手にして来て、これをフランシスコ・カブラル師の前に置き、ついで立ち去った。他の食膳を若い貴人たちが運んだ。かくて彼は同所で、彼に素晴しくはなはだよく調理された饗宴を催したが、その際同室していたのは、二名の司祭と公方様の使者、および二名の日本人修道士だけであった。

食事が終ると信長はふたたび姿を見せ、ロレンソに、「予は汝らが都でいかなるものを必要としているのかわからない。もし必要なものがあれば尽力しよう」と述べた。修道士は、目下のところ何も必要なものはないが、そのようなことが生じた際に、司祭らは殿の援助を乞うであろう、と言った。そこで信長はふたたび、「予は伴天連衆に幾着かの絹衣をとらせたいのであるが、彼らは黒衣をまとっているので似つかわしくない」と言った。ついで信長は内から八十連の紙を持参せしめ、重立った貴人らにそれらを宮殿の入口まで運んで、司祭らに同行して来た人たちに手渡すように命じ、紙は修道会の人々に与えるに似つかわしいものだ、と述べた。そして信長は、伴天連たちはいつ出発するのか、と訊ね、彼らが翌日だと答えると、彼はさらに数日休息するようにと促した〔というのは、こう挨拶するのが日本で習慣となっている〕。それでも彼らが翌朝出発したいと繰り返すと、信長は丹羽《ニワノ》五郎《ゴロウ》左衛門《ザエモン》（長秀）[*2]という彼が大いに寵愛する貴人を呼び、「伴天連や伊留満たちに、初日の旅程のための乗馬、および彼らの荷物を運搬する人たちをあてがうように、また彼らが通過する城のすべての司令官たちに、彼らを十分よくもてなし、都に達するまで日々の旅行に伴う人馬を給するよう書付を与えよ」と言った。そして信長は、万事においてはなはだよく奉仕され、恐れられていたので、人々はなんらの粗相なくその命令を実行した。ところで信長はその家臣の一人が都まで司祭たちに同行し、途次城主たちに上記の書状を渡させるように付言したが、信長がいまだかつてそのようなことをしたのを見たことがなかったので、人々はいずれもこれに驚嘆した。ここにおいて、五畿内のすべてのキリシタンがどんなに喜び満足するに至ったかが当然推察できるであろう。

さてここに一つの滑稽な出来事があった。しばしば上洛し、教会と交渉があり親しくしていた信長の政庁の人々を除き、〔同国の住民たちにとって〕伴天連は見たこともなく、知りもしなかったので、司祭たちは目新しくはなはだ新奇な人々であった。ところでフランシスコ師は近視であって、彼は岐阜に至った際、その地の状態や高尚な様子を見るために眼鏡をかけていた。一般民衆は衣裳にも大いに驚嘆したが、眼鏡に対する人々の驚嘆は比較にならぬほど大きいものであった。そして司祭が道を通過した際、彼らは目撃したことを十分熟考し得なかったので、数人の単純な人々は、伴天連には眼が四つあり、二つは皆が本来持っているふつうの位置に、他の二つはそれから少し外にはずれたところにあって、鏡のように輝き、恐るべきものであると確《しか》と思い込んだ。この噂は庶民の間に、いとも確実で間違いないこととして流布するに至り、司祭たちが出発せねばならぬ日には、男女、子供らおびただしい人々が、市《まち》の者のみならずはなはだ遠隔の地から、尾張の国からも殺到し、その数は四、五千を数えると思われ、この世にも不可思議なことを見ようと途上で待機した。ところで彼らの許における好奇の欲心は非常なもので、我勝ちにと彼らはその新奇なものを、より近づき、思う存分目撃しようと、彼らが宿泊していた家へ大挙して侵入しようとするに至り、家主はなんらの災禍も被らないようにと、司祭たちが住んでいた二階へ昇る階段を取り外さねばならないほどであった。それでもなお彼らは昇ろうとし、家の柱をよじ登ろうとさえした。一同が極度の注意を払って戸口を眺めつつ三、四時間待った後、家の中から最初に出て来たのは、馬に乗った日本人ロレンソ修道士であった。彼は片眼しかなく、しかもそれすらほとんど何も見えず、片方は盲目であった。ところで彼らは四つ眼の男を見ることを期待し、まったくその思いにとりつかれていたこととて、ロレンソ修道士を見ると、非常に滑稽で、予期していたこととまったく異なり、声をあげ大声で笑わざるを得なかった。

だが彼らは、四つ眼の者が後から出て来るのだと言ってなおも待機した。そしてフランシスコ・カブラル師の伴侶として来ていたフロイス師が馬に乗った時、彼らは彼が自分たちと同様に、ふつうに二つの眼しか持たぬのを見た。だが彼らは、自分たちにとって異様な人物を見た喜びと好奇心とに駆られ、約三千人の者がその乗馬を取り巻いた。彼らは大声を発し、彼の前で欣喜雀躍し、手を互いに打ちならし、道路の幅は広いにもかかわらず、乗馬は容易に前進できない有様で、信長の家臣で司祭たちの大の友人、かつ良き知己であり、後にキリシタンとなったトラノスケ殿[*3]なる一貴人は、人々から尊敬されていたので先行して道を拓かねばならなかった。このようにして、人々は聞いたことが真実であるかどうかを見ようと、つねに眼を司祭の方に向けながら郊外半里のところまで同行した。そして彼らは、フランシスコ・カブラル師がまだ後方で家の中にいることに気づかなかったか、あるいは知らなかったのであろう、一同は立ち去ってしまった。そして司祭（カブラル）がその後旅についた時には、人々は彼を待ち受けておらず、彼に眼を向ける者はもはやいなかったので、彼は難なく通過することができた。[*4]（以下略）

＊1　本章では一五七二年一月、すなわち元亀二年十一月に布教長カブラルが岐阜に信長を訪れた時の情景を掲げるが、一五七〇年、一五七一年度の記事を省略したので、若干補筆する。和田惟政は日乗上人に讒せられ、一五六九年秋から蟄居を余儀なくされていたが、一五七〇年四月五日（永禄十三年二月三十日。この年四月二十三日に元亀と改元）、信長は上京し、洋二十九日、惟政を赦免したのみか加俸した。フロイスは一五七〇年十二月一日付都発信の書簡の中で、洋七月三十日（邦六月二十八日）の姉川合戦における惟政の奮戦を報じ、彼は「信長軍中に在るもっとも強力な武将で総司令官」（C I. f. 288 v.）と述べているが、姉川合戦に関する多くの邦文献の中に惟政の名は見えず（『大日』十ノ四、五五四―六〇七ページ）、ましてや「総司令官」などではあり得ない。合戦の当日、惟政は自領高槻の小曽根神社に禁制を掲げ署名している（『大日』十ノ四、五五四ページ）ところを見ると、フロイスの誤解としか受け取れない。ちなみに彼は、「日本史」の中では惟政の従軍につ

いては述べていない。信長は洋八月五日（邦七月四日）に入京したが、フロイスが惟政とともに信長を訪れたのはこの時であろう。一五七〇年度の信長はまさに四面楚歌の境地にあり、五畿内の情勢は混沌としていた。信長勢が比叡山麓で浅井氏の軍勢と相対峙し、洛中洛外が騒然としていた際に、フロイスの後継者として中部日本での布教の上長に就任することとなるイタリア出身のオルガンティーノ・ニェッキ・ソルド師が堺に来着した。彼は入京の道を塞がれてしばらくその地にとどまっていたが、一五七一年一月一日（邦十二月六日）になって入京するを得、孤軍奮闘を続けていたフロイスを狂喜せしめた。この頃、フロイスは和田惟政と親交を重ねていたが、はからずも惟政は洋九月十七日（邦八月二十八日）に摂津郡山の合戦で戦死した。堺からの帰途三ヶでその悲報に接したフロイスは、涙のうちに、インド管区長クアドロスに宛てて、惟政との長きにわたる交友と恩義を回顧する長文の書簡を認めたが、その全文は「日本史」にも掲載されている。

＊2　自署、丹羽五郎左衛門尉長秀（『大日』十一ノ二、一四五ページ）、『御湯殿上の日記』（巻六、四九八ページ）に「にはの五郎左衛門」。

＊3　拙著『南蛮史料の研究』（七九八ページ）参照。

＊4　カブラルのこの第一次五畿内訪問については、拙稿「フランシスコ・カブラルの布教方針と五畿内巡察」（拙著『南蛮史料の研究』六〇九―六四四ページ所収）に詳述したので参照されたい。

第八章（第一部一〇一章）

公方様と信長の葛藤、ならびに上京焼失の際、教会に生じたこと

信長は先に天下《テンカ》の最高君主として公方様を都《ミヤコ》に導き、その際彼は、数多くの優れた奉仕により、公方様にこれを示すところがあった。しかるに当（一五）七三年、公方様はまだ統治上の経験が乏しいのに加え、彼を取り巻く若者たちの誤った煽動のためにまったく信長と不和になり、彼を敵であると公言し、彼が公方様に本件（不和になったこと）について弁明したあらゆる根拠も、その悪しき見解を諌止しようとした努力も、なんら功を奏さなかった。ここにおいて信長は激昂し、ついに編成された軍勢を都に進め、希望していた平和を促進し、彼がそれを受諾せぬにおいては一戦をも辞さぬ決意を固めるに至った。

公方様は、はなはだ優れた部下とともに、二年前に信長が彼のために自らの部下ならびに五畿内の最高の武将たちとともに新築した都の城内で戦闘に備えた。*1

事態はかくのごとくで、都の人々はいかに信長が激昂しやすい性格であるかを心得ていたので、彼の気に入らぬようにしていたわずかのことでも、市民に対し苛酷な罰を加えるであろうと心配した。そこで彼らは、彼が公方様を討伐するために軍勢を召集しているのと聞くやいなや、急遽、わずかの地所を隔てていた上京、*2ならびに下京*3から立ち去った。一里にわたる市街の混乱や動揺する情景を眺めることは恐ろしいことであった。すなわち、日夜見るものすべては混乱以外の何ものでもなく、人々は家財を引き、婦女子や老人は都に近接した村落に逃れ、あるいは子供たちの手を引き、腕に抱いて、どこへ行くべきか途方に暮れ、泣きながら市中を彷徨するのであった。

当時、オルガンティーノ師はキリシタンたちとともに復活祭を祝うため、ロレンソ修道士といっしょに河内国の三ケ*4におり、都にはルイス・フロイス師が日本人修道士コスメおよび一、二名の家僕とともにいるだけであった。キリシタンたちは、危険が切迫していたので絶えず教会に来て、司祭に救出できそうな道具を行李にまとめるようにと言い、彼らはそれを自らの家財といっしょに携えて、都から四、五里離れた幾つかの丘陵や山地にもたらし、仏僧の寺院に保管してもらうつもりだと語った。そして彼らはそのように行ない、教会の用具、書籍、その他二、三の重要品を四、五種に分けた。だが残余の家具や、彼らがその年のために買い求めてあった食料品は、市中《まち》を荒廃に帰せしめるかも知れぬ火災と盗賊の犠牲に供することを覚悟して、その場に残した。（中略）

都の人々は、信長がいとも短時日に軍勢を整備することはできまいと疑っていた折から、彼は突如まったく人々の予想を裏切り、御主の御昇天の日にあたり、わずか十騎ないし十二騎を従えて洛外四分の一里の地点に現われ、ただちに軍勢を整え、阿弥陀宗の智恩院《チオンイン》なる寺院に設営した。[*5]

司祭が躊躇するのに心を痛めていた都のキリシタンたちは教会に来訪し、司祭に対し、市《まち》から八分の一里にあたり、市《まち》に入る際の通常の入口に、東寺《トウジ》といい、同地方の大寺院の一つがあるが、その近くの一村に隠れるがよいと述べた。そこで司祭は、市《まち》の数名のキリシタンに伴われ、コスメ修道士とともに出発したが、彼らは九条《クジョウ》というところから迎えに来ることになっている他の者に司祭を引き渡すことにしていた。だが彼らは来るのが遅れ、信長方の兵士たちは獲物を求めていたので、キリシタンたちは郊外で周章狼狽し、司祭をどこへ移してよいかわからなかった。ある者は手で合図し、「こちらへ来い」とか「あちらだ」とか「ここで待て」と言い、またある者は早く行くことを主張するかと思えば、ゆっくり行った方がよいと言ったりした。かくてついにキリシタンたちは宵の口にやって来て、彼を九条の貧しい藁小屋に導いたが、そこではほとんど坐れそうな場所もなく、やっとのことでそこを同夜の宿とした。

翌日のほぼ正午頃、池田領から荒木信濃《アラキシナノ》（村重）[*6]が信長の軍勢に加わるため、四、五千の兵を率いて来、この同じ九条村に設営した。同所のキリシタンたちは、司祭の身柄

を安全に保ち得まいと見て、彼を三、四度異なった家へ伴った。（中略）
司祭は都を離れるに先立ち、信長の許へ誰かを派遣して、その陣営を訪ねさせようと考えていた。だが一つには、これを禁じていた公方様に対する恐怖心から、また途中襲われる危険のために何ぴともあえて都から信長の許へ赴く者とてはなく、不可能なことであった。だが下京の市民たちは、市《まち》の名において幾ばくかの食料を信長のところへ届けたが、彼らの中に混じって、都のもっとも古参のキリシタンの一人である（小西）ジョウチン立佐《リュウサ》＊7も赴いたので、司祭は彼を通じ、フランシスコ・カブラル師が書簡とともに彼に贈ったはなはだ良い塗金の円楯を献上した。
これが日本では珍奇なものであったのと、非常に重宝であったこと、また当時は特に誰も信長を訪れなかったことから、その訪問が時宜に適していたこともあって、彼がその際に感じた満足と喜悦には格別なものがあった。信長はさっそくそれを自室に懸けさせ、ルイス・フロイス師に謝意を表せしめ、豊後にいるフランシスコ・カブラル師に宛てた返書をしたためて司祭の書簡に答えた。その後司祭は同じくジョウチン立佐を通じ一瓶の金米糖《コンフェイト》＊8を彼に贈ったが、彼は円楯の際以上の満足を示し、伴天連はどこにいるかと訊ね、はなはだ親愛、かつ鄭重な書状をしたため、とりわけ彼は上洛した事情を簡略に説明した。
信長は都の周辺に陣営を設けた後、四日間にわたって続けて使者を公方様の許にやり、彼の心を和らげ、戦争を回避できるかどうかを確かめようとした。ところが公方様は、なんらこの問題に関与せず、また信長は上京の市民に対し反感を抱いていたので、彼らが提出していた銀の棒千五百本を受理することを拒絶し、かくて市《まち》（上京）はただちに放火された。恐るべき戦慄的な情景が展開され、全上京は深更から翌日まで、同地にあったすべての寺院、僧院、神《カミ》、仏《ホトケ》、財宝、家屋もろとも焼失し、確認されたところでは、都周辺の平地二、三里にわたって五十ヵ村ほど*9が焼け、最後の審判の日の情景さながらであったという。

兵士や盗賊たちは僧院に赴き、憐れな仏僧らは僧衣を俗服に替え、袖や懐に彼らが所持していた金銀、また良き茶の湯《チャノユ》の器を押し込んだが、その結果、さっそく追剝の手中に陥り、所持品や衣服を奪われたのみならず、虐待と拷問によって、彼らが隠匿していたものを白状するように強制され、結局そのとおりにさせられてしまった。兵士や盗賊らが、出会った男女や子供たちからその所持品を奪い取るため加えていた残虐行為に接するのは、きわめて嘆かわしいことであった。

公方様の城内では、すでに上京の全市街が破壊され焼却されたのを見ていたので、同所で聞いた恐怖なり不断の喚声に圧倒された彼らの驚愕は非常なもので、表面だけであり、数日しか保たれなかったとはいえ、信長との間に和平交渉が開始され始めた。かくて信長は領国の美濃へ、一方下京の住民は各自の家へ引き返して行った。

司祭や修道士が帰って来ると、キリシタンたちは、主な寺院や、上京にあったすべてのものが焼失したにもかかわらず、教会や司祭およびキリシタン〔彼らはほとんどすべて下京に居住していた〕[*10]の家屋をなんら損傷なく残し給うた御摂理について主なるデウスに感謝し、司祭を慰撫するために教会を訪れた。

一ヵ月の後、公方様は信長に対する恐怖と、若者の言に動かされたため、そこに有していた新築の美しい城を捨て、都を出て槇島《マキノシマ》なる都から五里離れたところにある家臣の城へ赴いた。これを聞いた信長は、ふたたび彼に対して軍を起し、部下をしてはなはだ急速かつ深く泳いで渡るには危険な川の濠を馬で渡らせて対岸に達したが、城からはほとんど抵抗を受けなかった。信長はなんら危害を加えることなく、公方様を逃れさせたが、彼は最初は大坂へ、ついで堺へ、さらに山口の国主である毛利の領土へ船で渡った。[*11]彼は今日まで、同地で流謫の生活を過ごし、信長は十四年間、勝利と実力と覇権を掌握して「日本王国」の絶対的君主の地位を保持した。

＊1　足利義昭は、先年、将軍職に就任したものの、それはひとえに信長の力によるものであり、実力はなく、しだいに両者の疎隔は顕著になって行った。加うるに当時は浅井、朝倉、三好、松永、武田氏、本願寺等々、反信長勢は強力な団結を示したので、義昭の胸中には信長を葬ろうとの志が湧いた。洋三月二十九日（邦二月二十六

日）、義昭は浅井長政、朝倉義景、武田信玄と謀り、信長を撃とうとして三井寺の光浄院暹慶らをして兵を西近江に挙げしめ、暹慶らは一向宗徒を糾合して石山、今堅田に拠った。そこで信長は柴田勝家、明智光秀らをしてこれを平定せしめた（『史料綜覧』巻十一、四―五ページ）。

＊2　原文"miaco de riba"

＊3　原文"miaco de baixo"

＊4　現在の大東市であり、「三箇」とも記すが、「三ケ」と書くのが正しい。拙著『南蛮史料の研究』第四章「河内のキリシタン」（六四五―六八二ページ）参照。

＊5　信長は洋四月二十六日（邦三月二十五日）に岐阜を進発し、二十八日（邦二十七日）、細川藤孝、荒木村重らに逢坂関で迎えられた。二十九日（邦二十八日）、朝廷においても衛舎を禁内外に設けた（『御湯殿上の日記』巻七、一二九ページ）。フロイスは夜の八時に信長進出の報に接し、終夜荷造りに従事した（C I. f. 343 v.）。洋四月三十日（邦三月二十九日）は教会では「御昇天の祝日」にあたったが、この日、信長は入京、智恩院に陣し、諸軍、白河、粟田口、祇園、清水、六波羅、鳥羽、竹田あたりに充満した（『史料綜覧』巻十一、七ページ）。

＊6　池田衆荒木信濃守村重は、上洛途上の信長を大津に迎え、信長を感動せしめ、摂津守に任ぜられた（『陰徳太平記』下、一五一―一五二ページ）。

＊7　小西立佐については拙稿「小西立佐一族」（拙著『南蛮史料の研究』七五六―七八

八ページ）参照。

＊8　原文“confeito”糖菓のことで、どのようなものであったかはわからないが、日本語の金米糖は、このポルトガル語に由来する。

＊9　信長は義昭が和平交渉に応じないことを知ると、洋五月三日から四日にかけ（邦四月二日から三日。『史料綜覧』巻十一、八ページでは邦四月三日、C I.f.346 v.では洋五月三日）、都周辺の町村を焼却するよう命じた。フロイスは一五七三年五月二十七日付都発信の書簡において地名五十八カ所（ARSI. Jap. Sin. 7I. f. 133）、寺社名など二十（Ibid. 7I. f. 134 v.）を列挙している（拙著『南蛮史料の研究』一七四―一七九ページ）。

＊10　この頃、キリシタンが集団的に居住していた場所は的確にはわからないが、被昇天の聖母教会が建てられたところとあまり遠く離れていなかったことは明らかである。参考とすべきことは、徳川の初期には少なくとも三カ所、「ダイウス町」（キリシタンはダイウス門徒と称された。ダイウスはいうまでもなく、“Deus”に由来する語）があり、その地点は、㈠上京区油小路通り元誓願寺下ル、㈡下京区綾小路通りと岩上通りの交差したところを中心とする妙満寺町、㈢高辻通りと松原通りの間の若宮通り菊屋町である。そのうち㈠は上京であるから除外され、㈡は十七世紀の末から来日するようになったフランシスコ会員の修道院があったところで、これもまた時代が下る。したがってもっとも可能性が多いのは、㈢である。一六一四年のイエズ

ス会年報は、「(松原)町内にはたった一軒の例外を除けば、あとは全部キリシタンの家ばかり」と報じている(浜口庄八訳『一六一四年度イエズス会年報、続』純心女子短大紀要、第四号一四ページ)。ここは蛸薬師通り、新町と室町通りの間にあった被昇天の聖母教会とはなはだ近接している。

＊11 義昭は天正四(一五七六)年に備後の鞆津に赴いて毛利氏に頼り、同十五(一五八七)年、大坂に来り、慶長二(一五九七)年、六十歳で薨去した。

Ⅲ　信長とオルガンティーノ

第九章（第一部一〇五章）

都に最初の被昇天の聖母（に奉献された）教会[*1]が建てられた次第、ならびにそれが受けた抵抗と五畿内のキリシタンが行なった援助について

ガスパル・ヴィレラ師が、約十年前に、ちょうど都《ミヤコ》に定住した頃、仏僧から下京《しもぎょう》に一軒の家屋と地所を購入し、その時までそこが司祭や修道士たちの住居となっており、小聖堂のようなものが設けられ、ミサ聖祭が行なわれていた。[*2]だがそれはすでにはなはだ古くなり、汚れ腐蝕していたので、異教徒や高貴の人々が、我らの修道院であるから、

仏僧たちの寺院や彼ら同国人の僧院に劣ってはいまいと考えて我らの修道院を訪ねて来る時に、キリシタンたちは恥ずかしい思いがした。小聖堂には四本の支柱があり、そのうち三本には罅《ひび》が入り、一本は曲っていた。
今や上京《かみぎょう》はすでに再建されていたし、天下《テンカ》は信長の善政のために平穏であるように見受けられたので、ルイス・フロイス師とオルガンティーノ師は、全五畿内の重立ったキリシタンたちに、都に素晴しい教会を建立する計画をどう考えるかについて協議した。一同異議なく、都は全日本の首都であり、最高の朝廷があり、かつ法令の源泉であるから、それは彼らが多年希望していたことである。彼らは、たとえ他の地方に美しい教会を持っていても、首都にはそれがまったくなかったので、それは日本におけるデウスの教えの威信と尊重のために大切なことであるから、この仕事に際しては、誰しも全力を傾けて布施と個人的協力作業で援助したい、と答えた。
この決議と協議について、豊後にいたフランシスコ・カブラル師[*3]に宛て、その建築の許可と援助を要請する書簡が送付された。彼は我らの生計費から六百タエルをこの建築に用いるように命じた。（中略）
だが教会の敷地は狭く、隣接の異教徒たちは、キリシタンがどのように高額を支払っても、その敷地を全然売ろうとしなかったし、司祭の修道院を別の場所に建てることはできなかったから、やむを得ず教会の上に二階（すなわち第二、第三階[*4]）を設けることに決めたが、教会はすでに一階（すなわち二階）の梁まで完成していた。すると悪魔は〔その手下を通じて〕彼らに対して通例の反抗を始めたが、それは次のようである。

下京のもっとも主要な市民たちは会合し、都の奉行で信長の家臣であり、司祭たちの友として万事において彼らに好意を寄せていた村井（貞勝）殿という異教徒の老人に、司祭たちやキリシタンを告訴し、いかなることがあろうとも、都にかくも高層でこのような形の教会を建てることをその権限において許可すべきではないと言い、多くの理由を挙げたが、*5 とりわけ次の三項を説いた。すなわち、第一に、天下の君である信長が当時建築した建物は、キリシタンの教会の基礎に比べてはなはだ低く、かつ貧弱なことになる。第二に、僧侶が寺院の上に住院を設けることは日本の習慣ではない。第三に、かの上階は非常に高いので、上から見下ろされでもすると、隣家の娘や婦人たちは庭へも出られぬ、というのであった。

賢明であった奉行（村井貞勝）は、さっそく次のように彼らに対し、いとも巧妙適切に返答して沈黙せしめるに至った。「汝らが述べることは妥当だとは思われぬ。まず汝らの陳情は、すでにあまりに遅すぎた。すなわち本件については、彼らが建築し始める前に申し出るべきで、彼らが費用を出して材木を伐り、二階（日本ふうにいえば三階）建の計画を完成し、梁を一階まで完成してから言い出すべきことではない。ところで彼らが述べた第一の理由に関しては、都にはキリシタンの教会以外に三階、四階のものより高層の建物があることをよく承知のはずで、信長はそれを気にもかけず、したがってそれらを破壊させぬのである。もしそうした高層建築が都にはなく、伴天連だけが希望するのであれば、予は彼らに反対するであろう。第二の理由について予が述べたいのは、仏僧たちが寺の上に住居を持たぬのは、彼らは非常に広大な地所を有するからである。しかるに異国の伴天連たちは、汝らの許にあって地上で拡張すべきなんらの土地を所有しておらぬので、やむなく地上へ拡大し、階上を設けるに至ったということだ。彼らが汝らを見下ろす結果になるという第三の理由に関しては、予は自ら伴天連らのところに赴き、窓の外に露台を設け、庭地が近くから見えず、屋根や遠方の景色が見えるだけにするよう指示するであろう」と述べた。そして彼はそのようにし、異教徒であったにもかかわらず、すべてにおいて司祭たちが願っていたとおりに援助した。

だが市民たちはこの返答に満足しなかった。彼らはこの問題をなお一度仏僧たちと協議し、信長の許へこの告訴をもたらすことに決め、よりよく彼を説得するために、市民は、高価でよく調えられた贈物を用意し、これを当時彼が駐留していた都から十四里の近江国の安土山にもたらすことにした。

ルイス・フロイス師はこの報告を聖水曜日に受理したが、一方、都には聖週間の聖祭に与かるために各地からキリシタンたちが参集していた。オルガンティーノ師はロレンソ修道士とともに復活祭を祝うために高槻に出向いていたので、同所には他にコスメ修道士しか居合わせていなかった。ところで日本の習慣に従えば、遠方へ使者を派遣したり、大侯を訪問する際に、贈物を携えないで行くことはできなかったが、都の修道院ではそのような品を持ち合わせていなかったので、司祭は多くとも二マスの価があろうと思われる白いシナ製の芦の蓆を取り出した。彼はそれをコスメ修道士の腕の下に持たせ、司祭を館に入れ、執り成してくれるはずの貴人に宛てた一、二枚の白のリンネル布を添え、それらを携えてコスメを安土山の政庁へ派遣した。かくて彼は同所に至り、好機会があったので、一人の若い貴人がただちに彼を信長のいる場所へ導いた。修道士は彼に蓆を差し出し、「最近、都に御滞在の折、殿は我らの修道院を訪れようとの好意を示されたが、それはあまりにも古び、かつ貧弱であって、司祭どもは、時折殿がお立ち寄りなさるに足りる別の新しく、より美しく、ふさわしい修道院を建立したいと希望している。だが彼らは異国人なので、まず殿の御許可を乞い、彼らに悪意を抱いている何ぴとからも妨害されぬように希望している」と述べた。信長は、それは喜ばしいことで、彼らは気にせずに建築するがよい、と答えた。[*6]

修道士が安土の市《まち》を出、この返答に喜び勇んで帰路についた折、彼は五十名以上の都の市民の一団に出くわしたが、彼らはその豪華な贈物にまったく信頼し、信長に、伴天連たちに対して新しい教会を取り壊すことを命ずるよう願いに行くところであった。彼らは熟知の間柄のコスメ修道士に出会うと、さっそくその悪意ある狡猾な意図が彼に知られていたのではあるまいかと邪推した。彼らのために執り成すことになっていた貴人は、修道士の世話をしたのと同一人物であった。彼は彼らが到着すると、さっそくその迷夢を取り除き、信長はすでに伴天連たちに教会を建築する許可を与えたことであるし、信長は自らの言葉を撤回することも、もたらされた贈物や豊富な品で心を動かされたりもしないから、贈物を携えてふたたび帰路につかれるがよい、と言った。そこで彼らはなおも彼に懇願するところがあったが、なんらの返答にも接することができなかった。かくて彼らは悲嘆に暮れ、面目を失い、心を痛めて都への帰路をたどった。そして昼間にこのようなまずい結末で市内に入るわけにはいかなかったので、彼らは夜になるまで野原で待機した。そして三、四日後、二、三人の貴人はまるで何事もなかったかのように、また手の裏を返したような態度で教会を見物に来て建築を賞讃し、何か自分たちに役立つことでもあれば喜んでそれに従いたいと述べた。

キリシタンたちは、我らの主なるデウスが、人力を超えて司祭や教会を保護し給うたのを見るに及び、彼らの信仰や熱誠はいよいよ高まるばかりで、この仕事を援けるべき銀を持ち合わせていない兵士たちの中には、差し出された寄付を記念するために、名前を書き入れる帳簿に記名されることを切望し、あるいは武器、あるいは馬の鞍や小銃などを売却して、その代金を教会に寄進し、名前を記入してもらったのである。これは日本人がかかることでいとも几帳面であることを物語っている。（以下略）

＊1　一五七六年八月十五日（天正四年七月二十一日）、この日は教会暦で「被昇天の聖母マリア」の祝日にあたり、ザビエルが鹿児島で日本の土を踏んだ記念日でもあった。この時、都の教会は未完成であったが、献堂式を催し、その名称をつけたのである。現今でも日本には多数の「被昇天の聖母」に奉献された教会があるが、教外者は特にその名称で呼ばないように、都のその古い教会も世人からは「南蛮寺」と呼ばれたものと推察される。

＊2　ヴィレラ師以来、都の教会は、下京四条坊門姥《うば》柳町にあった。フロイスはまた、「我らの教会から三軒下った柳屋町」（『日本史』第一部、三七三葉）と述べて、姥柳町の隣りは柳屋町であったことがわかるが、元亀二、三年の都の町名一覧にその名は見えない。しかし、それは現在の蛸薬師通り、室町と新町の間の北側姥柳町にあったことが立証されている（柴謙太郎『京都南蛮寺位置推定による二三史実の解明』「歴史地理」五二、五三。海老沢有道著『増訂切支丹史の研究』新人物往来社、一九五―二〇四ページ）。

＊3　カブラルは一五七三年九月七日に島原半島の口之津を発って第二次の巡察行に就き、翌年四旬節の末頃、堺に到着、ついで河内を経て上洛した。フロイスの「日本史」はこの巡察行についてはごくわずかしか記さなかった。カブラルが信長に謁見したのは四月八日から十八日まで信長が在京していた間のことである。布教長はその後、

尾張まで足跡を延ばそうとしたが、戦乱のために旅を思いとどまった（ARSI. Jap. Sin. 7I. f. 231～v.）。

＊4 ヴァリニャーノの第一次日本巡察報告書に「三階」建であったことが明記されている（松田毅一、佐久間正他訳『日本巡察記』平凡社、四三ページ）。

＊5 フロイスは一五七七年九月十九日付臼杵発信（彼は一五七六年十二月三十一日に京都を出発し、翌年一月十八日、すなわち天正四年十二月三日に豊後に到着した）の書簡で、本件を詳述したが、とりわけ当時信長は都で宮殿を建築せしめていたとある（C I. f. 387 v.）。安土築城の指令が諸国に出されたのは一五七六年二月頃のことで、その時には南蛮寺の方では工事がよほど進捗していた。右の書簡に、都で宮殿を建築中とあるのは解しがたい。皇居の修築は完了していたから、たぶん安土城のことであろう。なお皇居の築地の修築が始められたのは、一五七七年三月末日（天正五年三月十二日）である（『史料綜覧』巻十一、一四一―一四二ページ）。

＊6 コスメ修道士は安土でこの時信長に謁し得たかどうかは疑わしい。書簡では、信長の家臣に取次ぎを願ったとしているに過ぎない（C I. f. 388）。たしかに当時、信長は三月二十三日以後、工事中の安土城にはいたが、フロイスの「日本史」では、彼（コスメ）が一五七五（天正三）年に着工の許可を求めに行って引見された（C I. f. 388）ことと混同しているらしい。

第一〇章（第二部二五章）

五畿内の諸事の発展、ならびに安土山の神学校《セミナリオ》について

（前略）先に第一部で述べたように、信長は短期間に日本王国〔彼らはそう呼んでいる〕の主になることを成就し、すでに三十四ヵ国を入手し、残余の諸国は征服の途上にあり、行くところ敵なく、デウスが彼に生命の糸を断つことがなければ、早晩全日本国の主となることであろう。彼は万人に恐れられ、地方の多くの敵は、敵でありながら彼から好感を得るために名誉ある妥協を計ろうとしても、自信と能力に溢れた彼は、家臣としての身分以外にはこれを受け付けようとはしなかった。今まで彼は神《カミ》や仏《ホトケ》に一片の信心すらも持ち合わせていないばかりか、仏僧らの苛酷な敵であり、迫害者をもって任じ、その治世中、多数の重立った寺院を破壊し、大勢の仏僧を殺戮し、なお毎日多くの酷《むご》い仕打ちを加え、彼らに接することを欲せずに迫害を続けるので、そのすべての宗派の者どもは意気銷沈していた。ある意味で、デウスはその聖なる教えの道を開くために彼をそ

れと気づくことなく選び給うたようであった。

彼がこのような憎悪を抱くに至った動機は、一部の仏僧らが彼の支配の拡大に対して抵抗を試みたことに基づいている。一部の宗派にはきわめて富裕で強大な仏僧たちがおり、大いなる城や豊な土地の領主であって、信長は彼らから屈強で長期にわたる抗戦を受けており、時には窮地に追い込まれることもあった。ここから仏僧らに対する一般的な憎悪が彼の中に植え付けられ、それは結果から知られるように、彼らのいっさいを根絶せずにはおれぬほどの決意であったように思われる。彼は日本で仏僧たちが有していた主要な大学を蹂躙し、無数の寺院を焼き払い、彼らの食禄を没収し、それを兵士たちに付与した。それはこれらの仏僧のうえに下されたデウスの正義の鞭のようであった。彼はあまりにも強大で恐れられていたので、彼が進む道には万人が後続し、我らに対して彼が示す好意により、異教徒たちの許に見出される仏僧たちの権威と彼らへの信心は、日本においてははなはだしく減退するに至った。目下、彼らが有しており、そして当初の面影はないものの、なお一部の地方で保持している彼らの権力を破壊するのには、なんらの苦労も必要とせぬのである。それとともに、仏僧の大敵であるこの残忍な君主が、神《カミ》、仏《ホトケ》、その他日本のすべての宗派に対し我らが反対の教えを説いていることを承知しているとはいえ、我らに対してはいとも大度に親切に振舞っているのははなはだ注目すべきことである。

オルガンティーノ師は、信長が異常な満悦をもって宮殿の建築を自慢し、身分ある武将たちが彼に迎合するために、安土の新しい市《まち》に豪華な邸宅を造りたがっていることがいかに信長の意向に添うものであるかを知っていたので、同地で適当な場所を入手することを切望していた。なぜなら同所には、日本中の重立った武将たちが居住しており、信長を訪問し、彼と種々の用件を談合するために各地から参集する身分ある武士や使節が後を断たなかったので、短期間にデウスの教えを知らしめ弘布するのに、またイエズス会が日本の遠隔の地方にも知られるために絶好の地と思われたからである。なおこれ以外に、信長の居城とその政庁《コルテ》を構成する多数の名だたる武将の間に住まうことによって、イエズス会が信用と名誉を獲得し、威信を高めることになると思われた。だが一方、信長はいかなる仏僧にも、彼らを問題としていなかったので、同所に地所を与えていなかったし、今後も与えるかどうかわからなかったから、それはきわめて困難かつ重大な企てであるように考えられた。このため、我らのような外来者《よそもの》に彼が地所を付与することはあり得ないと思われた。またたとえ彼が与えたとしても、彼を喜ばせ、同所にある多くの武将たちの豪華で完璧な邸の間にあって名声を高め栄誉を保持して行くためには、きわめて気品のある建物を造らねばならなかった。それに土地の狭隘さがいっそうこの企ての困難さを増した。というのは、もし平地が不足していないこの市《まち》の民衆や職人たちの間に地所を与えられるならば、教えを説く相手に定めていた身分ある人たちから遠ざかることになり、庶民の間に住居を持つことによって、イエズス会はほとんど信用を獲得できぬことになると思われたからである。さりとて身分ある人たちの邸は山に建てられており、その周囲には邸宅が立てこんでいたので、修道者の住居に必要な余裕があり適切な場所を見出すことはできず、彼らの間に地所を得ることはきわめて困難なことであった。

だが結局、キリシタンたちも、オルガンティーノ師に強くこのことを勧告し、信長からいずれかの場所を得られるならば大いなる恩恵であると司祭にも思われたので、一同が我らの主にこの願いについて特に祈りを捧げた後、司祭はできうるかぎりの礼をつくしてこれを信長に申し出た。ここで我らの主は、司祭が信長の目通りにかなうように計らい給い、彼はそのような申し出があったことを喜び、付与する地所に関して考慮しようと述べ、司祭の願いに対して満足の意を示した。そしてまもなく、これ以上見つけることも望むこともできぬほど良好な場所を選定して、それを司祭に与えた。数日前、信長には、城山と市《まち》の間にある湖の小さな入江を埋め立てたいとの気持が生じ、彼自身もそれが何のためであるか知ることなく、多数の者を動員して埋立て作業を命じたが、十五日か二十日間で工事が終り、彼の館の前に一つの広い敷地が出現した。[*1] 一部の武将たちはその地を譲渡されたいと懇願したが、彼らの誰にもなんとしても与えようとはしなかったことを見ても、それがデウスの摂理によって命ぜられたものであったと思われるのである。信長には、そこが伴天連たちに便利であり適した場所であると思われたので、ただちにそれを与えることに決めた。オルガンティーノ師は、聖霊《エスピリトサント》の祝日にその土地[*2]を深い喜びのうちに受理し、それが我らの宗教とキリスト教の信仰を高揚するのにもっとも適した道であり手段であることを疑わなかったので、司祭もすべてのキリシタンも、それをデウスの偉大な恩恵として受けたのであった。そしてさっそく同所にできうるかぎり短期間に、きわめて気品のある豪華な（修道院）を建築することを一同で決定し、キリシタン全員ができるだけこの事業を手助けすることを約束した。そしてただちにある者は銀、他の者は米、ある者は木材、または人夫を提供し始めたが、なかでもこの事業で示された（高山）ジュスト右近殿の働きぶりは特に際立っており、彼は四日の道のりにある津の国から、彼の領民を呼び、その支出を我らが負担することを断わって彼らをして仕事に従事せしめた。遠隔の諸国や地方の領主たちも同様に相当数の人夫を同所に派遣して働かせ、建物を高くするために埋立てをさらに加えた。彼ら重立った武将たちは、当時そこに各自の邸を建てていたが、人手不足による自分たちの工事の遅延を意に介することなく、これらの仕事に専念したので、それを一種の嗜好で行なっているかのように見えた。また巡察師（ヴァリニャーノ）が彼（オルガンティーノ）に書き送った書簡に基づき、都に若干の家と子供たちのための神学校《セミナリオ》を造築するために用意されていた大量の木材をオルガンティーノ師が保有していたことが、この事業をさっそく遂行するのに大いなる助けとなった。このように、事業はきわめて熱心に開始され、キリシタンたちの目覚ましい援助により、わずかの間に信長の宮殿を除いては、安土においてもっとも美しく気品のある邸の一つとして完成した。

階下には外部の人を宿泊させるために、はなはだ高価で見事に造られた茶の湯《チャノユ》の場所を備え、きわめて便利で、清潔な良質の木材を使用した座敷《ザシキ》が造られた。＊3

二階には、一つは市《まち》の上に展開し、他は心地よい広々とした田園の眺望に向けられた幾つかの窓を付した廊下によって三方囲まれた我らの寝室、または部屋に利用される若干の広間を作った。これらの部屋は、日本で使用されている移動できる戸（襖《ふすま》のこと）で仕切られていて、身分ある客をその上（座敷）に宿泊させたいと思う時には、いつでも三つか四つの部屋をただちに一つの広間に仕立てることができるのである。この二階の上に、さらに一階を設け、そこには巡察師の意向に添って神学校《セミナリオ》として使用される長くよく設備された住居を建てた。同師は、安土山が既述のように、当時日本においてもっとも気品のある重要な市《まち》であり、政庁と城の所在地であったので、有馬で命じたものと同じ様式で造られた神学校《セミナリオ》を同地に設立することを命じていたのであった。巡察師がこれを望んだのは、五畿内が広大な地域にわたり、肥沃ですべてのものがそこにあり、多くの大国を控え、富裕な数多の領主が住まい、住民も元来身分が高く、政庁の支配下に育った者らしく心掛けの良い者が多いからであった。なお大勢の貴人たちの出入りにより、貧困な下《シモ》の地方よりも大いなる成果が同地では期待できると考えた。民衆は主君に服従しきっており、このため、日本のあらゆる宗派が当地方にその本山を置いており、そこで十分な基礎固めを終えた後、容易にかつ権威をもって他の遠隔の地方に影響を及ぼしていたのである。事実、五畿内はすべての法令の発祥地であり、高貴な人々が同所に見られ、日本の名誉であることを自任しているので、当地方の人々の心に点火し得るならば、それを日本中に拡張することは容易なことであろう。確かに五畿内のキリシタンは一般的に見て、司祭への信心、愛情、信頼において、また教会の諸事に対する尊敬の念において大いに卓越しているのである。

このようにして事業は進められ、安土山の市《まち》を高揚し偉大ならしめるために余念がなかった信長は、我らの修道院《カーザ》がこうした出来栄えを収めているのを見て無上に喜び、すでに以前から司祭に好意を寄せていたが、今は先述の理由からなおいっそうの好感を示し、建物の棟上げを見てからは、彼自身現場へ視察に来るほどであった。信長はオルガンティーノ師をきわめて優遇し、居合わせた人々の前で、彼の事業を賞讃し、地所が狭いと言ってさらにその拡張を命じ、我らの地所を拡げるために、その付近にあった彼の家臣で身分ある武将たちの家屋を四、五軒除去するように命じた。さらに後から、その教会建築がことのほか気に入ったので、今後はより多くの補助をするであろうと述べ、経費の一助として二百クルザードをオルガンティーノ師に届けた。我らの修道院が信長の宮殿の近くにあり、彼はつねにそれを目前に眺めていたので、我らの司祭や修道士たちは、しばしば彼と会う機会を持つようになり、十五日か二十日ごとに、若干の果物や菓子および、それに類した品物を携えて彼を訪問した。信長も我らにそうせよと言い、そのことは、司祭たちの信用を深め、その掟の評判を高める結果となった。万人を極度の厳格さと権力をもって遇するこの尊大で不遜な異教徒の心を動かし、我らに対しては、いとも親愛の情を抱かしめたのは、明らかにデウスの御業であった。それは異教徒たちを驚かせ、キリシタンには少なからぬ慰めと喜びをもたらしたのである。

このほか、信長はたびたびオルガンティーノ師に来訪するようにと命じ、そうしたある折、彼は自ら鷹を用いて捕獲した鳥を司祭に贈ったが、事実それは彼の絶大な好意を示すものであった。他の折に我らの司祭たちが彼を訪れた時、彼は二度ないし三度にわたり、彼らがデウスについて語り、我らの教義を説くことを希望した。彼は司祭たちの話をきわめて注意深く聞き、周囲の者に種々質問し、結論として、仏僧たちが言うことは皆偽りで、来世に関しては伴天連たちの言うことだけが事実と思われるとつねに話していた。(以下略)

＊1　『信公』巻十三に「閏三月十六日より、菅屋九右衛門、堀久太郎、長谷川竹両三人御奉行として、安土御構への南、新道の北に江をほらせられ、田を塡めさせ、伴天

連に御邸下さる」（二九五―二九六ページ）とある。

＊2　安土の修道院および神学校《セミナリオ》の所在については、中川泉三氏が古く大正十一年に『蒲生郡志』巻三において、「下豊浦の小字ダイウスの地は、新町に接続し、東は上豊浦の小字鳥打に通ずる小路あり、又新町に接し、シウノミザ、シキライ等の地名あり……。高槻に移され、安土に在りしは僅かの歳月に過ぎざれども此る地名の存する亦珍しからずや」とて、図面をもって「ダイウス」の地点を往時の神学校《セミナリオ》跡と主張した。この中川説は、よく内外の文献とも合致している。現今では耕地が進み、中川氏の略図に見られる地形とは変っているが、ダイウスの地点は的確に判明している。すなわち百々橋の東南、朝鮮人街道よりさらに東南半町の畠地で、行き詰りの堀に沿った小高い台地となっている。安土山を眼前に望む絶好の地で、往時を偲ぶに足りる。

＊3　日本巡察師ヴァリニャーノは、第一次来日の際、在日イエズス会員の礼法指針ともいうべき小著を編纂した。同書の第七章には、日本でイエズス会員が修道院や教会を建築する際の心得が述べられているが、それらは日本の大工により日本ふうに建築されるべきであること、階下には周囲に縁側がついた二室から成る座敷を設け、そのうちの一室は茶室に宛てるがよいと記されている（Giuseppe Fr. Schütte S.J.; Alexandro Valignano S.J.; Il Cerimoniale per i Missionari del Giappone. Roma. 1946. pp.270～277）。

第一一章（第二部二六章）

安土山で収め始めた成果について

オルガンティーノ師は、きわめて太く厚い石垣でかの地所の三方を囲んだが、それらは内部に造られていた建物に一段の装飾と美観を添えるところとなった。そして信長とその家臣らが所望していた教会――そのために囲いの中には広々とした空地が確保されていた――を建築するために、遠隔の地から来る木材集めが可能なかぎりすでに開始されていた。だが安土にはそれに必要な品物がすべて不足していたので、この仕事は困難をきわめた。事実あらゆる材料は外から車で運搬されており、城の人々は、安土に居住したいという気持よりも信長の歓心をかうために建築していたので、ほかから仕入れ売却されるこれらの材料は、それを待ちかまえて途中ですでに買い占めされており、我らは異国人とて、そのための能力と知恵に欠けていたので、より多額の費用を支払わされる結果となった。

安土の修道院《カーザス》が完成されるにはまだ程遠いが、中に入れるだけの形を整え始めた頃から、説教を聞くために大勢の人々が毎日同所に集まって来て、この役を担当していた修道士らの力だけでは処理できぬほどの盛況であった。彼らはデウスの御憐れみにより、話の内容を悟り、主が導き給うた多くの者が聖なる洗礼を受けた。本年だけで、津の国、河内の国、安土と五畿内の諸地方で四千名以上がキリシタンになった。

金の飾りこそ持たなかったが、信長が彼の城に用いたのと同じ瓦の使用を、特別な恩典として我らの修道院に許可したことは、他のいかなる者も［我らの教会を別として］瓦で屋根を掩うことを許さなかったので、我らが安土山に修道院を建築する目的にいっそうかなうものであった。我らの修道院は高く、三階建で適度に長かったので、すべての家屋の中で聳え立っていた。連日、様々な武将たちが修道院を見物に来たので、彼らに対しデウスについて説教し、話し合う機会を持つことができた。この年、ただちにイエズス会の名は知られるようになり、デウスの掟は、談義を聞きに来る武将たちの出入りにより、多くの諸国に弘められることになった。もし人類の敵（悪魔）が若干の邪魔をしなければ、さらに多くの成果を収め得るはずであった。（中略）

信長とその息子たちのこうした好意が与えた影響は決して小さくなかった。なぜなら経験が示して来たように、それにより異教徒たちの思考の中に我らの聖なる掟に対する信用が増し、その結果として大いに教えが弘まり、受け入れられるようになり、もし肉欲が物事の判断を狂わせなければ、すでに多くの武将が入信したことであろう。だが、彼らにとって第六誡（汝、姦淫するなかれ）の守りはきわめて困難であり、彼らの多くの者は、もし伴天連たちがこの掟に関し少しく寛大であるならば、ただちにキリシタンになるであろうと公言していた。その人たちの中には、信長の長男で後継者の殿様《トノサマ》（信忠）もいたが、彼はこの問題に特に関心を寄せ、三、四度我らの修道士と話し合っており、もし伴天連たちがこの掟に対して便宜を計り、それほどまで厳格に考えることをやめるならば、キリシタンの数は疑いなく倍加するであろうから、伴天連たちがそうするようにと修道士を説得せんとした。この禁によって人々に恐怖心を抱かせ、大いなる収穫を失うよりも、この掟を免除し、多くのキリシタンを作る方がデウスへの奉仕になるであろうというのが、この若殿がかく語った政庁においてもっぱら取り交されている人々の見解であった。そしてこの掟が、まるで人間によって作られ、デウスが命じ給うたものではないかのように、その暁には彼自身率先してキリシタンになるであろうと言っていた。だが一同に与えられる答えはつねに誰でも容易に納得できる言葉で示された。すなわち、司祭らが説く掟は、デウスによって啓示された真理であって、人間が案出したものではない。もしもそれらが仏僧らの教えのように人間が作り出したものであり、彼らがなすように我らも不正で不敬な方法で自分たちの利益を収めることだけを望んでいるのならば、この掟に関しても、人間が希望するように語るであろう。だがそれはデウスの掟であり、その不可謬の決定であるがゆえに、我らはそうした判断を生む人間の意志や淫蕩的欲望に順応することはできぬのである。

三七殿《サンシチドノ》（信孝）と称する信長の次男は、[*1]ただにキリシタンになるための素質のみならず、それらの大支柱になり得る素質を備えていたが、後日、人が変り、後述するようにきわめて悲しく不運な末路をたどることになった。信長の多くの息子の中にあって、彼はすべての武将たちからもっとも好かれ愛されていた。彼は安土の司祭らや日本人の修道士らと交際し始め、しばしばデウスの掟について説教を聞くうちに、たとえキリシタンであったとしても、それ以上望み得ないほどの愛情と親近感を我らの修道院に対して抱くようになった。彼は週に一、二度はかならず修道院に姿を見せ、ロレンソ修道士がそれに劣らぬほど、頻繁に彼の家に来訪することを希望した。また種々の贈物をたびたび司祭らに届け、万事において彼らに対する大いなる愛情と親切を示した。彼は、司祭らを自らの教師と見なしていると公言し、大物の武将たちの前で、深い尊敬をこめてデウスの掟について語り、司祭らに対しては、きわめて恭順の意を示したので、異教徒たちは驚愕した。彼は仏僧たちの宗派が欺瞞と迷信であるとしてこれを軽蔑し、我らの聖なる掟だけが真理と道理にかなっており、事理をわきまえるいかなる者も、デウスの教えを聞いてはキリシタンにならずにはおれぬと述べ、多くの言葉をもってそれを激賞した。彼自身も、幾つかの事情から延期を余儀なくされていなければ、すでにキリシタンになっていたところであり、その数名の家臣は、彼の説得により、すでに受洗していた。

彼は某修道士にコンタツ（Contas ロザリオ）を求め、それで祈りたいと言い、時々それを腰に帯びていた。彼は大きい邸と相当な封禄を付与されていたが、時節が到来するまで、彼の父はいまだいかなる国をも与えていなかったので、父がいずれかの領地を与えるのを、当然のこととして待機していたのであった。すでに二十五歳になっていたであろう。父から気に入られ、城中の一同から愛されていたこの若者は、父が喜び、少なくとも悪く思わぬことを暗示するまでは、キリシタンになることを留保していた。なぜなら信長は、その子供たちに対しても顧慮するところがなく、彼らからさえ恐れられていたので、進んで彼と話そうとする者はなく、誰も皆彼の気にさわるようなことは避けるように注意していた。三七殿は父の重臣たちと親しく交際していたが、彼らに向かっては、キリシタンになりたいと公言し、父がそれをどう思うか知ろうとして、彼がそれについて考えてくれるように手をつくしていた。三七殿は我らのことを母親に話していたので、彼女は二、三度説教を聞き、デウスの掟に愛着を感じていた。

ある時、信長はわざわざ我らの掟の話を聞き、それについて議論し、かねて抱いていた疑問を質《ただ》そうとオルガンティーノ師とロレンソ修道士を多くの武将の前に呼び、外にいる者も聞けるように彼らがいた広間の戸を開けさせた。彼は以前に見たことがある地球儀をふたたびそこへ持ってこさせ、それについて多くの質問をし反論した。最後に、司祭と修道士が一同の前で答えたことにつねに満足の意を表し、伴天連たちの知識が仏僧らのそれと大いに異なっていると述べた。彼は、あるいは伴天連たちも、禅宗の宗派(の僧)が抱いているように、自分たちの教えについて胸中では別の考えを持っているのではあるまいかと思い、デウスや霊魂の存在にはつねに大きい疑問を持ちながらも、心から満足し納得していると告白した。事実この宗派(禅宗)は、表面では死後の世界と救済を説き、そのように見せかけ、祭壇には偶像を祀り、死者のために葬儀を営んでいたが、瞑想が一段と深まった者に対しては、後で〔その反対の考えを思い留まらせるために千七百の項目が準備されていた〕、外見的な形式や儀式は単に民衆を操り、国が滅びることがないためのものであって、生まれ死んで行く人間に残るものは何もなく、ひとたび息をひきとればすべては失われ、死後の生命とか来世などはあり得ない、と言っていた。この偽善的で悪辣な宗派を、ふつうには身分の高い武士たちが奉じていたが、彼らは良心の呵責を抹殺し、その欲望に応じた放縦な生活を送っていた。終りに信長は、司祭がヨーロッパから日本に来るのに、どのような旅をしたかを地球儀によって示すことを希望した。彼はそれを見聞した後、手をたたいて感心し、驚嘆の色を見せ、かくも不安全で危険に満ちた旅をあえてするからには、彼らは偉大な勇気と強固な心の持主に相違ないと言い、司祭と修道士に向かい、笑いながら、貴公らはかくも危険を冒し、遠く長い海を渡って来たからには、その説くことは重大事に違いない、と語った。ロレンソ修道士は、殿が仰せられるとおりで、我ら(すなわちヨーロッパ人イエズス会員)は盗人である。我らは他のいかなる理由からでもなく、ただ日本人の霊魂と心を人類の残酷な教えである悪魔から奪い、その造り主の御手と天国に返すためにはるばる遠隔の地からやって来たのである、と答えた。このように信長は三時間あまり彼らを引き留めた後、我らの談義を聞くために他日ふたたび呼ぶことになろうと言い、我らの修道院が立派に完成したと聞いているので参観に赴きたいとも述べ、彼らに別れを告げた。

信長の三人の息子たちも、こうした愛情の印しをしばしば示した。長男の嗣子は、昨年オルガンティーノ師が美濃を訪れた時、与えた歓待と好意のほか、その領地に教会を建てるようにたびたび司祭に依頼していた。そのために彼は、彼が住んでいる主要都市の岐阜に、伯父の家に属していた広大な敷地を提供した。そしてもし司祭が同地に赴くならば、その領地において、多数の改宗を見、大きいキリシタン宗団を作り得ようと言っていた。彼はすでに地所を与え教会を建てるように申し入れてあったにもかかわらず、自らの岐阜の市《まち》よりも先に安土山に我らが修道院を建てたことを遺憾としたが、他面、彼の父が我らの事業に深い関心を寄せているのを知って大いに喜び、これにより自分の願いが実現されることをいっそう希望するに至った。

＊1　信長には男子十一人、女子八人があった。嫡男、信忠の母は生駒氏。次男、三男はいずれも一五五八（永禄元）年の生まれで、信孝三七郎の方が二十日ほど先に誕生

したので、フロイスが彼を次男とするのも誤りではないが、その母は坂氏なる「凡下の人」であったために、茶箋信雄なる、生駒氏が生んだ三男を次男として処遇したのである（『総見記』四、七六、三九二ページ、『織田系図』続群、一二七―一五二ページ、『大日』十ノ一、一〇九ページ、十一ノ四、四四七ページ）。

第一二章（第二部二七章）

ジュスト右近殿が信長に投降した時に示した英雄的行為、ならびにその際、オルガンティーノ師とキリシタン宗門が被った大いなる苦悩について

信長がその企てを通して得た大きい成果は、彼をして二カ年以内に全日本の絶対君主になるであろうとの自信を高めさせ、彼はその実行に着手した。しかし異教徒たちは、幸運をつかみ高位につく際、自尊心と空虚な慢心にとりつかれ、ひたすらデウスに帰すべきものを、自己の力と能力の業となすので、主の御恵みなくしては何事もなし得ぬことを人々に知らしめ、彼らが主の御旨を受け入れて、〔それが可能なれば〕さらに向上せしめるために、主はしばしば逆境とか、予期せぬ不幸によって彼らを辱しめ給うのである。信長は本来、善良な素質を備えていたとはいえ、彼にはデウスを認めるというもっとも大切なものが欠けていた。

先に信長は、[*1] 池田殿の家臣であった荒木信濃守（村重）[*2] を津の国の領主に取り立て

たが、荒木は後日、信長が自分に与えた領地を取り戻すかも知れぬと心配し、また戦争の危険と辛労に曝されず心おきなく放蕩に身を委ねることを望んでいた家臣たちは、荒木をして、そのように思いこませた。この事態に備えて、荒木は、当時強力であった大坂の僧侶、および十二カ国ないし十二カ国を領有していた毛利と同盟を結び、名誉、地位、および名声を蒙っていた信長に敵対することを決した。彼は、己れに奉仕するすべての重臣たちに事を謀ったところ、一同は例外なく、その方法によるのが、彼がその身分に留まるのにもっとも安全であるばかりでなく、天下の主、全日本の君主となるための近道でもあるから、そうすべきであるとの意見であった。

当時、高槻の城主、かつ司令官であったジュスト右近殿は、この協議には参加しなかった。人々は、彼の公正な精神に鑑み、自分たちの企てに同意することはあるまいと恐れたために招待しなかったのである。とはいえ、彼は、荒木に対し、かつては単なる兵卒であり、一市民に過ぎなかった身を、一国の領主とし、高い位につかせ、取り立ててくれた方に対して弓矢を引くことが、いかに道理にはずれた行為であるかを通告した。

この見事な説得にこもる迫力に心を打たれた荒木は、再度、国の家老や重臣たちを召集し、彼らが右近殿のあらゆる道理と根拠を聴いた上、さらに信長に敵対するよう勧告するのを思い留まってくれるよう、彼らと第二の協議を催すことを決意した。そこで一同は右近を彼の居城から召喚した。彼は、呼ばれた理由を心得ていたので、父に向かい、

「私は地位と生命を失い、この城（高槻）の面前で磔刑に処せられることを知っても、理性と良心が私に命ずることを、すべての人々の前で明言するであろう」と述べた。そして、父母、妻子、親族たちに別れを告げて、一同が彼を待ち受けている在岡城《アリオカ》*3へ赴いた。そして、ただちに協議に入り、彼は荒木に十七カ条を開陳し、その一つずつにつき、いかなる場合にも、かかる不正をなすべきではないことを、納得のゆく強力な道理を挙げて説き明かした。それは、ほぼ次のような言葉で始められた。「私はこの会合において、愚見を述べるには、賢慮と年齢に欠けているので、少なからず困惑を覚える。だが、信長が殿に示した好意の偉大さと、殿がついこの間まで、池田殿に仕え、受けていたわずかの封禄に対する義務から、しばしば戦争において彼に身命を賭しておられたことを考え合わせるならば、信長の恩はあまりにも大きくあまりにも重く思われてならない。彼は、殿を当国全体の領主に取り立てたのであるから、たとえ殿に対して、今、不正にも死を命じたとしても、殿は己が生命が彼に負うものであることを深くわきまえ、それに逆らえる義理ではありませぬ。このように私が言わざるを得ない道理を認めるとして、私には、もし殿が殿の長男の新五郎《シンゴロウ》*4ならびに他の家臣たちとともに、ただちに当地を発って信長の足下に罷り出で、彼に対して企てたことに対して、家臣とともに許しを乞う決心をされるならば、間違いなく彼は殿を許されるであろうと思われる。なぜなら、彼は堺奉行の宮内卿法印《クナイキョウホウイン》（松井友閑）と寵臣万見仙千代《マメノセンジオ》とを通じ、温情と好意に満ちた使命を殿の許へ屆けて来たのであるから、殿の方から彼に許しを乞うたならば、彼の考えが変ることは絶対にあり得ないと思われる。彼は殿にはすでに多くの寵愛を示しており、さらにいっそう大いなる寵愛を示そうとしていることは、つねに知られているところである」と。

右近殿は以上、その論証を三点に要約し、第一点では、荒木が受けた好意に対する恩義を通して荒木を説得し、第二点では、彼らの地位や戦力からみても、武器、兵力、富において強大で、天下の主である信長に対して計画どおり勝利を収めることは明らかに不可能であることを証明し、第三点では、信長が勝者となった暁に、荒木が陥るであろう不幸な状態と、彼のうえに下るであろう重く想像を絶するような懲罰を、明確に、しかも大胆に予言したが、事実、後に行なわれたように、それは当年まで日本では前代未聞と言えるほど、残酷なものであったのである。

右近殿が、このいとも困難で重大な用件について意見を述べ立てた後、彼の論拠に答え反駁できる者は誰一人としていなかった。〔ただ彼らは異教徒であり、識見に欠けていたので〕あるいは右近は、信長自身に言いふくめられて、あのように述べているのかも知れず、その場に居合わせた人たち一同が彼の説に応じることによって、彼が後に信長に取り入り、その寵臣となって一同を支配するのではあるまいかと彼らには思えたのである。ところで右近殿は、明白な判断と、鋭敏で透徹した理性の持主であったので、彼ら一同をそうした卑しい疑念から解き、また彼がなんら感情に激しておらず、さらに利害関係からではなく、彼らの一般的幸福のことを考えて述べたことを彼らに明らかにし、また一同がそのような愚挙に出ないようにするために、彼に仕えていた一人の身分のある若侍を呼び、自分のまだか弱い年頃の長男で嗣子の息子を連れてこさせるために高槻に派遣した。使者が帰って来ると、右近殿は自らの陳述における公正の証《あか》しを立てるために、その息子を、より大いなる保証とし人質として荒木に差し出した。これより先、すでに彼は姉妹の一人を人質として荒木の城に遣わしていたが、そのほかにもなお一人の他の既婚の姉妹を渡しており、彼女はより貴重な抵当となっていたのである。

右近殿の説いた道理は、いとも力強いものであり、荒木は彼の賢慮と美挙に深い満足を覚えたので、彼とその息子は決心を変え、家臣たちの新たな同意を待たずに急遽城を発ち、信長を訪ね、その許しを乞おうとした。彼らが約五里離れた茨木に来た時に、身分の高い侍と在岡に残った重臣たちは、すでに行なわれた最初の協議に基づいた新たな企てを彼らの間で行ない、荒木が発った後、彼の許に使者を派遣し、彼らはいかなる場合にも、信長と同盟する考えはないので、ただちに在岡へ引き返すべきであり、彼が自分の意見に同意せず、その決定を認めようとしないならば、彼の面前で城門を閉じ、他の主君を同国の領主として迎えるであろうと告げるところがあった。それを聞いた荒木は、不本意ながらも彼らに同意せざるを得なくなり、したがって彼は信長の許へ赴くことを断念し、自らの在岡城へ帰り、信長の敵であることを表明した。彼と同盟を結ぶ公方様、毛利、大坂の僧侶たちは、彼をよりいっそう勇気づけるために、五カ国の領主にすると約束した。

事態は非常に切迫していたので、都《ミヤコ》のイエズス会の司祭たちは、右近殿、ならびにその地のキリシタン全員の破滅を明白に予見し、大いなる恐怖と深い憂慮に包まれた。司祭たちが他の何ものにも増して遺憾としたのは、彼らは、日本において、キリシタンたる者は何びともその主君に背くべからずと説教していたし、右近が荒木に仕えていても、信長が彼の直接最高の主君であったから、彼が謀叛人として立つことになるので、我らの信仰上に生ずる害悪であった。そこで、当時五畿内のかの地区の布教長であったオルガンティーノ師は、右近殿に対し、いかなることがあっても、信長に敵対してはならぬ、と熟考するように通告した。右近殿はこれに対し、人質の息子と姉妹を取り返し得るならば伴天連たちの勧告どおりにするであろうが、それを成就し得ないので、かくも困難な事件からどのようにして脱出し得るか判らない、と返答した。この返事に接し、司祭は深く悲しみ、きわめて短気な信長は、早急に振舞い、キリシタンたちに対して怒りを発するに至るであろう、とひどく当惑した。

それからほどなくして、信長は平素、司祭たちとの用務に従うのが常であった（大津）伝十郎と称する身分の高い若侍を使者として、司祭の許に派遣した。そして次のように述べさせた。「予は、キリシタンらが公正、かつ実直なことであれば万事において、伴天連たちに同意し、その言葉に従うことをまったくよく承知している。右近は予の家臣であるにもかかわらず予の敵となったが、予の家臣である荒木にかまうことがあってはならぬ。予の好意と予への忠誠を減ずるようなことは、貴師たちの掟と法によりなすべきではなく、本来の正当な主君を差しおいて荒木に合流し結託するがごときは許されぬことである、と彼に伝えるように願う。彼がそうするにおいては、予は彼に望むだけの多額の金子をとらせるであろうし、希望どおりの領地《エスタード》を授けるであろう」と。

これに対してオルガンティーノ師は次のように述べた。「確かに殿が仰せられるように、我らの掟に従えば、右近が殿の敵となることはできなかったはずである。彼がそれを理解するよう彼に対しできうるかぎりのことをする考えである。ただし彼は人質を荒木の手に残しているので、そうなすべきかどうか決しかねている。というのは、人質を失えば日本人が生命よりも大事にしている名誉をも失うことになると彼には思われたからである。殿が彼に約束される金子と地位に関してはその必要はない。右近の状態と性格は司祭が熟知しており、彼はさようなものによって心が動く人物ではないからである」と。以上の返答を携えて使者は帰って行った。

司祭は信長に、右近殿を説得できるかどうか努力してみることを約束した後、彼とその父ダリオの許に使者をやり、それまでの経過をすべて彼らに報じ、信長の味方となるために人質を奪回すべく力を注ぐよう嘆願した。司祭たちは本件からいかなる損失が生じるかを熟知していたので、自分たちにできることなら何でもすると約束した。だが荒木の家臣たちが警戒していたので、その計画を実行することができず、信長に対しなんらの回答もしかねたまま四日、五日と経過していった。信長が今や荒木を打倒するためには、ともかく右近が司令官であり城主である高槻の城を掌中に収める必要がある以上、彼に頼みこむ必要が迫っていたので、信長は無数の提案と約束をもって司祭を訪問させた。しかし彼が期待しているような結論は少しも得られなかったので、その直面している大いなる悩みから、信長はオルガンティーノ師を召喚し、自分のいるところへ入れ、そこに絨緞を敷かせて司祭を坐らせ、眼に涙を溜めるようにして彼に語り始めた。彼は我らの教えの数々の良きこと、右近殿の他の多くの美点、その稀有の性質について話し、彼が示した働きぶりを司祭に対し詳述した。信長は、右近殿が人質の障害さえなくば、自分の味方となりたがっていることはよく承知していると言った。そして荒木が人質を殺すことがないよう、その点に関してはきわめて慎重に振舞っていると言い、人質を奪回する方法を司祭と協議した。その方法とは、信長の掌中にある荒木の他の人質と交換することであった。なお彼は、荒木が人質の交換に応じようとせぬ場合、人質を失って右近殿が世間で有していた名誉と評判を失墜することがないよう、日本全国の王であり主である内裏《ダイリ》に乞うて都の市《まち》と堺のすべての門に掲示させ、とりわけ右近殿が人質を失ったのは、彼の野心や卑劣によるものではなく、自らの主君への義務を果さんがためであり、彼は荒木が信長に叛旗を翻すことがないようにとの忠誠心から人質を荒木に渡したのである、と言明するよう尽力すると言った。このような事情で彼ら人質を失うのであれば、幾段と名誉を高めるばかりでなく、道理の上からも一同は右近殿に好感を抱くはずであり、信長のためになしたこの働きをきわめて優れた英雄的行為と認めることは疑いのないことである。そしてここで長話となり、彼ほどの多大の尊敬と身分と権威をほしいままにする君主の口から出たとは、とても思えないほど多くのことを述べた。それらは心底からの確信と効力をもった言葉で語られ、ほとんどつねに泣いているように話したので、司祭は大いなる感動と驚愕に満された。最後に結論として、彼は右近殿が彼の側に味方し、その友となることを諒承するならば、伴天連が命ずることなら何でも従うことによって、デウスの教えを助け、右近殿には望みのままの金子と身分を授けるであろうと言った。そしてその証拠として司祭と右近殿にそれらの約束を確認した一通ずつの書状を渡した。司祭は（体験的に）実状を知ったのであるが、信長の富裕と偉大さを見た者が、司祭が彼と話しに行ったかの夜の彼の衷心からの苦悩を目撃したならば、なおいっそうの驚きに打たれたに相違ない。なぜならば、もし右近殿が承諾しなければ、かの信長の軍勢の全員は、すでに敗れたと見なされていたからである。

そこで司祭は、一方では大いなる悲哀と憂慮に包まれたが、他方少なからぬ満足と喜悦を禁じ得なかった。というのは、右近殿が信長の味方となることによって一大改宗が日本で惹起し得るであろうし、また右近殿が承諾を拒否する際には、苛酷な迫害を回避し得まいと思われたからである。ここで司祭は城《コルテ》を出たが、同所に居合わせたすべての重臣たちは、信長や彼ら全員が切望している本件の解決にあらゆる工夫と努力を払ってくれるよう司祭に嘆願した。

信長が示した右近殿に対する善意と愛情に応え、司祭はただちに一人の修道士に例の信長の書状を託して右近の許に派遣した。しかし道中は占領されていたので、司祭の使者は右近がいる高槻城に達することができなかった。そこで彼が帰還すると、できうるかぎりの努力をしてみたことを信長に報告した。だが再度、司祭（信長の誤りか）の懇請があり、ある同宿をもう一度派遣してみることにした。彼は勇敢で鋭い勘を備えた人物だったので、少なからぬ生命の危険を冒してある仕組みと方法とによって城中に入り込むことに成功し、右近殿とその父に要件を伝えた。両人は金が欲しいとか身分への野心から信長に味方することを躊躇しているのではない。荒木の手に捕えられている子供たちを奪回するのがむつかしいので苦労しているのだと答えた。それにさえ成功すれば、いうまでもなくただちに信長の側に参じるから、信長に待ってくれるように、そして軍勢を率いて津の国に進撃しないよう、なぜなら四、五日のうちには人質を取り返すためのあらゆる策を講じるから、と嘆願するところがあった。

こうした返答を携えて同宿が帰って来たので、信長は自らの希望がかなえられると思って非常に喜んだ。そして事を急がすために、司祭たちを捕えるのが得策だと考えた。司祭たちが捕えられているのを知らすことによって、右近殿とその父により早く速やかに信長方に味方する決意をさせるためであった。そこでジョアン・フランシスコ師とロレンソ修道士および他の二名の教会の同宿を捕虜として近江国の永原に連行し、新たな決心がなされるまでは、同所に留まるようにと命じた。なお右近殿を味方にすることに彼の勝利がかかっており、さもなくば敗北すると見たので、あらゆる可能な手段に訴え、右近殿を味方にするためには、他の全員（司祭たち）をも捕える覚悟であった。

そこでオルガンティーノ師は、ロレンソ修道士をして、信長が司祭たちに対して取り決めたことに関し、きわめて嘆かわしい深い憂慮と苦悩に満ちた書状をしたためさせた。オルガンティーノはとりわけ、信長が自分と都にいる修道士たちをかならず殺害すると思われるので、現世ではもはや会えぬと信じているかのように、右近殿とその父に対して別れを告げた。オルガンティーノ師も別の書状を右近殿とその父に送り、荒木らには勝利の望みはまったくなく、なおそのほか、司祭たちが置かれている大いなる危険に目を開き、できうれは、荒木とその一門が信長と同盟を結ぶための諒解をとりつけるべく心し、努力するようにと懇願した。

これらの書状が高槻城で披露されると、キリシタンたちは多くの涙を流して泣き悲しみ、書状に記された我々の願いがかなえられるように力を尽した。そして荒木の側近の家老を幾人か呼んで、この際いかに処すべきかを協議した。彼らは高槻から一里のところからわざわざやって来た。そこで互いに顔を合わせると、家老の一人は、その書状の慨嘆と慈悲に満ちた言葉に接して涙を抑えることができなかった。そして温かい慈悲心が彼らの間を支配し、荒木自身も彼らの談話を聞いた後は、最初の領地以外は何も求めないということで、家臣とともに信長と同盟することに決めた。

この吉報を携えて使者が戻って来たので、司祭は信長がそれを諒承するものと思って大いに喜んだ。しかるにこうした期待は裏切られることとなった。なぜなら信長は彼を最初の身分に留めることを承諾しなかったからである。こうして信長はただちに軍勢を率いて荒木を討伐するために出陣することに決めたが、司祭は本件が決着するまで高槻の地を焼き払わぬように願ったので、彼はそれを約束し、右近殿が態度を決しかねているのをひどく悲しんだ。

信長は津の国の全領、ことに荒木がいた城の周囲を焼き払うために、軍勢を進撃させ、彼自らも一千名だけを率いて高槻城に向かったが、その隣接した諸城に対してはなんら煩わすことがなかった。右近殿も信長に対しては大いなる注意と配慮を示した。彼は居城に二本以上の旗を立てず、信長に対してはなんら煩わせたり刺戟を与えぬように家臣に命令した。

だが、なんらの成果もなかったので、信長は都の教会のすべての同居者とともに、オルガンティーノ師を急遽召喚するように命じた。それはただちに行なわれ、都のキリシタンたちは皆、司祭たちが暴虐を加えられるものと思い、さっそく我らの教会に来て、司祭らとともに生命を捧げようと欲した。オルガンティーノ師がすべての修道士や同宿たちとともに街頭を騎行せねばならなかった時、それを目撃しまたは聞知した異教徒たちの感銘は非常なもので、多数の人々は、我らの仲間の無罪を確信し、信長が伴天連たちに不当なことを行ない、彼らをこのような戦の問題に巻添えにすべきではないとの考えを抱いたので、この感動的な光景に接して涙を禁じ得なかった。

彼らが軍勢のところに到着し、信長の前に現われると、彼は司祭たちに全力を尽して右近殿が彼に投降するように働きかけよ、そうすれば、彼に欲するだけの金子と望みのままの領地を付与するであろう。また、彼の人質については、彼らが殺されることがないような方法があるであろう、と述べた。同夜、司祭はその問題に関し右近殿の決心を聞くために一人の同宿を彼の許に派遣した。信長の総司令官佐久間殿は、信長が自署した書状の写しを作成した。とりわけ、彼は右近殿に、津の国の半領を与え、キリシタン宗門を保護する他の重要な約束を行なった。それにもかかわらず、右近殿の父はなんら聞き入れず、あえて城に入ろうとするいかなる使者をも殺すようにと命令した。なぜなら彼は、荒木が人質としている自分の娘と孫を殺させるかも知れぬと非常に恐れ心配していたからであった。すでに荒木は、右近殿が信長方に味方しようとしているのではないかと推測し、右近殿の帷幄《いあく》に参加している重臣たちを捕えるように命じていた。上記のように、あちこちに往来する使者は、この疑惑を彼に起させたのである。

その使者が軍勢の許に帰ると、司祭は事の次第を報告するため、それを信長のところへ廻送した。信長は右近殿に大いに同情を寄せ、気の毒な右近殿は、自分（信長）と和を講じたがっているのに、人質に拘束されている、と述べた。かくてあらゆる希望を失った信長は、翌日陣営をさらに前進せしめることを決意した。その間、高槻のキリシタンの武士たちも、信長の意図どおりの決定に至らせようと全力を尽した。佐久間殿は彼らに、右近殿が信長方に加わることを決めさせるのに成功すれば、一万六千俵の封禄を与えることを約束していた。だがこれらのキリシタンたちは、（右近殿が）デウスへの愛ゆえになさなかったことを人間的な思惑から行なうはずがないから、そのような不可能なことを勧めるのはやめてほしいとつねづね言っていたので、こうした努力はすべて徒労に帰した。

かくてイエズス会の同僚の一部は永原に拘禁され、他は信長の陣営にと二組に分けて警護されたので、一同は大いに意気沮喪し、司祭は、非常に短気な信長が彼らを殺すかも知れぬと恐れを抱いた。加うるに都の教会は、所司代の村井殿の家臣によって監視されており、彼は信長のちょっとした合図でこれを襲う準備をしていたので、司祭は、信長が五畿内のキリシタン宗門を滅ぼすであろうと思い定めていた。これらすべてのことは、陣中の真只中にいたオルガンティーノ師を最大の憂慮と不安に陥らしめた。そこで彼には、自分自身が高槻に赴けば、デウスの助けによって、右近殿とその父に信長方が望んでいることを納得させ得ようし、少なくともこれにより、本件に関してできうるかぎりのことをしたことになるので、信長に対し、完全で十分な償いを果したことになろうとの考えが浮んで来た。そこで彼は、信長の第一級の武将であり、(信長)麾下の主将である佐久間(信盛)殿にこの計画を報告した。彼は問題が幸いに解決されることを望んだが、警護の兵士たちは、司祭が右近殿を荒木から離叛させようと働きかけるために来たものと思うであろうし、したがって彼を容易に殺すかも知れず、高槻城で司祭の身に不幸が生じることを恐れた。陣営にいたキリシタンたちも同様に憂慮し、司祭がかくも明らかな危険に身を曝すことをどうしても望まなかった。

だが、五畿内のキリシタン宗門と捕虜となっている全イエズス会員の上に起り得る恐るべき事態に対して深く心を痛めた司祭は、その旅をあえてし、ロレンソ修道士とともに高槻に入りこもうと試みた。彼はほかに入りこむ方法がなかったので、信長の掌中から逃れ救助を求める脱走者として高槻に保護を求めて来たように見せかけることにした。それで彼が先方に赴いた際、ただちに城門を開けてもらうよう、この偽りの逃避を伝達すべく先発の使者を派遣した。

すでにほとんど真夜中に近かったが、両名は陣営を出発し、自分たちの身に生じ得る出来事について筆舌に絶する悲しみと苦しみに悩まされながら城に向かった。ところで彼らの恐怖をいっそう高めたのは、門が開くまで約一時間も外で待機せねばならなかったことである。しかし、中に入れられるやいなや、彼らは真直ぐに教会に赴いたのであるが、そこへ暫時を経て右近殿の父ダリオが入って来た。彼は司祭が逃亡し、信長の掌中から脱出して来たことに祝意を表し、同時に捕えられている他の人々に生じ得る事態について悲しむ様子を示した。司祭はできうるかぎり、さあらぬ態を装い、その偽りの態度が真実であるかのように見せかける一方、はたしてダリオが信長に投降することを諒承するかどうかを確かめようとした。こうして彼は実にまる一時間を浪費した。そしてダリオは司祭との談話の終りに、見張番の兵卒たちが任務を果しているかどうか巡察する時が来たとだけ言った。同夜すでに、伴天連が入城したという警報が荒木の許にもたらされ、あるいは同じ報せが荒木と同盟している大坂の仏僧のところへも届けられたことであろう。

司祭はダリオを通じ、この用件を果す希望を失ったが、彼はその際、さしあたってはキリシタンたちの告白を聞くのに従事するのがよいと考えた。なぜなら、一同がこの聖なる務めに専心するならば、あるいは自分の計画を実行するなんらかの手がかりがつかめるかも知れなかったからである。翌日、城のキリシタンたちは司祭を訪ね、喜びと悲しみに涙した。彼らは罪もないのに、このように苦労している彼を城内に見ることができたのを喜び、捕えられている他のすべての人々が磔刑に処せられることを恐れて悲しんだ。それにもかかわらず、司祭は誰にも自らの機略と欺瞞を明かさなかった。彼が従事していた務めは良いことではあったが、目ざす主目的と本来の意図は果されぬままであった。このため、彼はひどく悲嘆にくれ、いかになすべきか決断しかねる状態にあった。折も折、司祭がミサを終えたところへ、彼の悲しみをいっそう深めさせるかのように、ダリオが面会に来た。彼は、信長がその軍勢を率いて陣営を出立したが、それは非常に面白い情景である。もし司祭が天守閣に登られるならば、同所からすべてをよく眺めることができるだろう、と述べた。司祭は、彼がたぶん自分を捕え、大坂の仏僧の許へ送る意図〔事実、後で知ったように〕からそう語ったのだろうと推測したので、自分は城にいるかぎり、己が一存によって教会を離れはしまい、と非常に厳しく答えた。それ以後、彼はいかにすれば城から脱出できるかを思いめぐらし、そのために、城の周囲に設けられ、大いに彼らが自慢している柵と砦を見たいという口実を設けた。それは夜分に、ごく好都合に脱走できる場所を探し出すためであった。そしてそれを見定めた後に館に戻った。だが明らかにそれは、ダリオに気づかれず、また告げられないで偽り通せることではなかった。ダリオはただちに、格別重立った四人の侍たちに、司祭が脱走せぬよう監視するようにと命令した。司祭は城の長老たちを相手に、彼らが右近殿に働きかけ、彼を城から逃れさせるよう説き伏せよと交渉していたので、司祭は午後になるまで、ダリオが監視をつけたことにはなんら気づかずにいた。しかし結局、なんらの解決も得られなかったので、司祭はダリオが彼を逃れさせぬよう見張番を置いているからだということがわかった。そのことは（ダリオ）が司祭の身が助かることを望まないように思え、また教会の他のすべての人たちも、おそらく翌日には十字架に懸けられるかも知れないように思えて司祭を悲嘆のどん底に陥れた。なぜならこうした経過から、信長は、伴天連が約束に反し交渉もせず、城からも出ず、自分を欺いたと考えるであろうし、信長にしてみれば、彼が出られなかった原因は、出られないように番兵と監視の者が配置されていたためであることを知らなかったから、いっそう疑惑の念を抱いたのも無理からぬことであった。ただし、これは後になって司祭が知ったのであるが、誰が信長に告げたのか司祭は知る由もなかったが、実は信長は事の次第をすでに承知していたのである。すなわち、信長が陣営を出て行進していた間に、一人の男が彼の前に出て、司祭が捕えられたことを告げた。すると信長は、「なんの罪もない彼がこうしたいっさいの苦しみを味わっているが、それは予に原因がある」と言い、司祭に対する幾多の同情の言葉を述べた。

このように司祭は城内にあってはなはだしい悲哀と苦痛に囲まれ、その良き計略は成功せず、あらゆる人力は底をついたので、同所の近くにあった大きい十字架の前に祈りに赴いた。そしてこの十字架の近くの庭には、少し前に右近殿の国において司祭が建てた五十を数える他のすべての十字架が地上に投げ出されていたので、彼は感極まり、涙に咽び、それらの前に跪いて代る代るそれらを抱き、深い悲しみの中に慟哭した。これらの十字架は異教徒の兵士に奪われ、または汚辱されることがないように、取り去って城中に集められたものであった。

司祭は約一時間、このようにして過した。彼を見た人たちの幾人かは、彼に対する大いなる同情から泣いていたので、城の重臣たちは彼を地上から起し、部屋に伴い、涙するのを鎮め、慰撫しようと努力した。そして彼が城から逃れられるよう、右近殿に働きかけることにしたい、と述べた。そこで司祭は心の中で大いに慰められ、そのまま二時間あまり休息した。ちょうどその時、司祭を城から出すことを許し、他の捕えられている人々を救出する対策を立てるように右近殿を説得したとの報せが告げられた。

さらに暫時を経、右近殿は、もはや心を動かされ、なすべきことをしかと決意して教会にやって来た。彼はロレンソ修道士とその件について語り始め、同修道士を通して司祭に語りかけ、「良い考えが浮んだ。それは皆の利益のためだ」と言い、大いなる喜悦を示し、かく司祭に向かって言い終えると彼の近くに坐り、次のように話し出した。

「過去数日間、〔尊師の御承知のとおり〕我らはこの重大な事態を解決すべきなんらの策も見出さなかった。なぜなら信長と和睦すれば、私の息子と妹たちを失い、父の肉体と霊魂を失うであろう。私が信長に投降するならば、父は切腹すると言っているし、彼はそれでもきっと天国に至れると主張している。その他、私は人前で尊敬と名誉を喪失することになろう。そして私は一人息子を破滅に陥らせた者としてもはや人々の前に出ることは許されぬであろう。さらに私は最後になって、そのようなやり方で信長に降ずるならば、所領をも失うことであろう。なぜなら世人はすべて私を貪欲な者と見なし、私はより大いなる領地を得ようとしたと信じるであろう。そしてついには信長の許で寵愛を失うことになり、彼は私から現世的統治と、おそらくは生命すらも奪うことであろう。これらすべての理由から、私は今まで尊師が私を誘うよう努められたことに同意しなかったのである。だが私は主の恩寵により、多くかつしばしば、かくも困難な問題について熟考したあげく〔一方、私の霊魂は、尊師たち同様、切迫した運命について悲痛に満されたので〕、事態から生ずると思われるあらゆる悪しきことから免れるために、少なからず私に適したと思われる方法に思い至った。すなわち私は髪を切り〔日本の習慣により、俗世を隠退し、または捨てる時に行なう〕、教会での奉仕に赴き、私のすべての現世の領土の所有を断念し、封禄、従臣を捨てて城から離去することを決意した。なぜなら、かくすることにより、荒木は私の息子を殺害せぬであろうし、伴天連および五畿内の全キリシタン宗門は救出されるであろう。かつまたそれにより、主への奉仕とデウスの教えの名誉ならびにキリシタン宗門の名を向上せしめるための、〔私が他の万事に優り大切にしている」他の多くの良きことが生じるであろう。そして私は以上のようにすでに決意したので、これを尊師に語ることにしたのである」と。

司祭はこの談話に接し、我らの主がもっとも時宜を得た際、そしてもっとも大いなる困難の折に、あらゆる予想以上に計り知れぬ御慈愛をもって救助し給うたことを知って欣喜した。

右近殿はこの決心を抱いていたが、さしあたり誰にもそれを知らせようとはせず、城に赴き大いにさあらぬ態を装い、賢慮をもってあらゆる命令を下した。そして自分が去った後に、父に残しておくための一通の長い手紙を書いた。

おそらく四、五時間にもならぬこの短時間のうちに、彼は同じく城の長老や重臣たちと協議し「なんら彼らに自分の決心を打ち明けることなく」、城のほとんど重要な箇所を部下によって確保していたトサン殿という異教徒に欺かれぬよう訓戒した。そして彼がなんらかの裏切りを行なうことがないよう注意すべきであると述べた。右近殿は一同がこの男から欺かれないよう十分警戒しているのを知って非常に喜んだ。司祭は右近殿がかの夜、自分に逃れることを許可したと言いふらした。それを聞いてキリシタンたちは大いに喜び、彼らは彼に大いなる愛情を寄せていたので、城から少しのところまで見送ろうと話していた。

協議が終ると右近殿は夜の十時に教会に来て、彼の重立った家臣と城の長老たちとともに司祭を伴いたいとの口実を設けた。彼らは秘密を知らず、彼が言うとおりだと思っていた。もはや城中の人々は皆眠りについたので、彼らはごく密かに音を立てることなく城を去り、約三射程距離ほど進んだ。そこで右近殿は司祭から少し離れ、付き添っていた家臣のすべてを呼び、彼らに向かい、上品に、またよく整った談話を行なった。それは彼の健全な判断と賢慮を証するものであり、品位と感動に満ちていた。彼は次のように語り始めた。

「御身らは、予が幼少時からキリシタンであることを皆よく承知であり、予の庇護の許に一同もそのようになったことも知っている。ところでこれは予がデウスから蒙ったあらゆる御恵みのうちで最大のものであるから、それを認め、主に感謝することはつねに予の願望であった。したがって今、予に与えられた好機に際し、伴天連たちをそのいとも恐るべき生命の危険から救出し、解放するために全力を傾倒することは、予のデウスに対する聖なる謝恩のための義務であると考える。伴天連たちはいとも寛大に、郷里、母国、いっさいの財産、友人、親族を、もっぱら我らの霊魂を救うために放棄したのである。予は当都地方のキリシタン宗門が予のために滅びることがないようにすることがいかに重要であるかをさらに考慮し、しこうしてその際、我らの聖なる信仰の名誉と全キリシタン宗門の幸福を促進せしめる方法を思い合わせるならば、予は、我らに対する愛から、そして我らを救おうとの熱意から栄光を捨てて人間となり給うた主に対する愛により、すべてを犠牲にする以外に、なんらより適切で効果的な方法を見出さぬのである。御身らは予に捧げた愛と忠誠のゆえに、これを堪えがたく痛々しく受け取ることを十分承知してはいるが、デウスとその教会の名誉が求めていることに御身らが目を向けることは、御身ら自身の嗜好なり慰安よりもいっそう重要なことである。したがって御身らにとっても、また予にとってももっとも大切なことを諒解してもらいたい。そこで予は、己がすべての所領を断念し、父母、妻女、兄弟姉妹、親族、ならびに予の立身を助けた御身ら一同の許を去り、剃髪して教会への奉仕に赴かざるを得ない」と述べ、その時、彼は突如談話を中断し、腰から短刀を抜き、一同の面前で髪を切断した。

長老や重臣その他の家臣の眼前で行なわれたこの情景は、一同の間にただごとならぬ号泣と落涙と嗚咽を生ぜしめた。司祭は少し同所から離れたところにいたが、半は驚嘆し、半ば我らの主が行ない給うた驚くべき業に接し、大いなる喜びに満された。しかしこれらすべての重臣や家臣の兵士たちは、こうした道理のこもった説明に安んじなかったばかりでなく、苦悩と悲嘆に心を貫かれ、彼にしがみつき、事情がいかようであろうとも、今夜彼を信長の許に赴かせることはできぬ。いな、むしろ帰城すべきであり、翌朝、一同一致して信長勢に対し、彼らが彼に投降する意向であるとの合図をしようと述べた。彼らは明らかに、ダリオが孫と娘に対する憂慮からそれを容認しはせぬことを知らなかったのである。

この間、右近殿の心中は、いとも勇気があり、不撓《ふとう》のキリストの兵士にふさわしく毅然たるものがあり、彼らが彼のために流した幾多の涙も、微塵だに彼を感動させるに至らず、むしろ事態をすみやかに決着させるため、また心中で決していたことを実行に移すために、腰に帯びていた太刀を彼らのうちの一人に、短刀と肩衣《カタギン》を他の者に、頭髪をば第三者に与え、ついにはすべてを脱ぎ、わざわざ着物の下に着込んでいた紙の衣だけの姿となった。

司祭は一同の声、泣き声、および嘆息を聞き、折から月夜であったのでその様子を見ており、彼らが嘆きつつ右近殿と抱擁するのを目撃したが、心の喜びにあふれていた。長老たちはなんら右近殿を説得し得ぬことを見てとり、司祭の許に至り、涙のうちに彼が右近殿に対し、彼らとともに引き返すよう説き聞かせてもらいたいと懇願した。司祭は、汝らは現下、いかに多くの良いことがそこでなされているかを知り得ないが、後日、きっと知るに至るであろう。それゆえ、右近殿をそのままにしておくがよい。自分の行為をわきまえているのだから、と答えた。

この異なる立場を浮彫りにした応酬は一時間にわたって継続し、一同は右近殿が何事にも動ぜず、彼らが言っていることになんら耳をかそうとしないので、所作が無駄であることを知って離別した。司祭と右近殿、およびロレンソ修道士は信長の陣営に向かい、これらすべての重臣らと家臣たちは、彼らが出向いて来た元の高槻城に帰還した。（中

略）

右近殿は司祭とともに、道中で家臣たちと別れ、彼らが城で何をなすかは知る由もなく、近くにあった佐久間殿の陣営に赴いた。そして司祭は佐久間殿に右近殿がすでに到着したことを知らせた。見張人たちは彼らを通過させ、かくて彼らは屯所に着いたが、そこには教会の人々が重立ったキリシタンたちといっしょに居合わせていた。彼らはオルガンティーノ師とロレンソ修道士がダリオの城に捕えられ、脱出するためになんらの方法もなく、生命の危険から逃れることもかなわぬことを知っていたので、彼らと再会できる喜びは、それまで陥っていた悲しみと同様に計り知れぬほど大きいものがあった。双方はこのように無上に喜び満足し合ったのである。折から夜分であったが、その報せはただちに信長およびその重立った武将たちの許へもたらされ、彼らはさっそく司祭のところに来て、彼に対しその功なった尽力に感謝してやまなかった。それから彼らは、右近殿のところに来た。まるで祭典のような騒ぎであり、歓喜に満された。このように同夜は夜通し、また翌日もこれらの来訪者が続くうちに過された。（中略）

さて右近殿は後で頭を剃るために髪を切っていたが、高貴の武将たち、ことに佐久間殿と後日、全日本の君主となった木下藤吉郎殿《キノシタトウギチロウドノ》は、彼がそうせぬよう強く要望した。この両名は、当時信長の軍勢の司令官たちであった。だが右近殿に同意させることはできなかった。その他多くの武将たちは、司祭に対し、とにかく右近殿がふたたび信長に仕えることを望むよう、そしてかねて実行しようと決めていたように、彼が教会に籠居することがないよう努力してもらいたいとしきりに懇願した。これに対し司祭は、彼らに、右近殿はいかなる場合にもそのようなことはしないであろう、彼はその決意を抱いて城を出たのであるし、その考えを変えることはないであろうから、彼とともに都へ行こうと思う、と返答した。

それからまもなくあちら（信長）に会いに行くようにとの信長の使者が到着した。そこでオルガンティーノ師と右近殿はすべての武将たちに伴われて行った。ダリオが城を去った後、右近殿の重立った家臣たちが信長に投降し、彼らが帰城した翌朝、ただちに司祭と右近殿の許に来たので、信長は高槻城が自分の掌中に帰したことを知って、彼らに接した時の喜びようはとりわけ表現しがたいほどであった。信長は右近殿を自分がいるところへ来させ、彼と長らく語らい、彼に衣服を与えて着させ、太刀と短刀を渡した。その後司祭が来たが、信長は、都で彼を援助者と見なし、多くの約束をもって本件を解決するように懇願した時に示したほどの厚遇をしなかった。だが蒙った好意を容易に忘れ去ることは、異教徒の許ではなんら目新しいことではないのである。このようにして信長は、右近殿が爾後は自分に奉仕するよう説得することに成功した。（中略）

右近殿が信長の配下で荒木を在岡（の城）に攻囲していた頃、同地の重臣の一人が一同の前で右近殿が味方の敵となって戦っているのは許しがたいことであるから、右近殿の息子と妹を串刺しにし、磔刑に処するのがもっとも適切であると主張した。荒木は、右近殿はその息子らを人質としてではなく、荒木が信長の敵にならぬように与えたのである。彼がなしたことはそういうことであった。したがって人質を殺す必要はない、と答えた。だが荒木は、彼らを殺すように説いていた件《くだん》の男の権威を恐れていたので、翌日には間違いなく彼らが行なうであろうすでに決められていたこと（処刑）について知らぬ振りをしていた。しかるに計り知れぬ憐れみの心に満ち給うデウスは、この無実で孤独な子供たちに同情の目を差し向けられ、その正義の命令をもって、この残虐が施行されることになっていた当日、人質を殺すよう勧告していたその武将が、小規模な戦闘に臨むこととなり、その際、悲惨な死を遂げるよう取り計らわれた。このようにして、子供たちの生命は助かり、それ以来、彼らを殺すように話したり勧めたりすることもなくなった。これらのことから、この高貴で真実のキリシタンである右近殿がその息子と妹が殺されるのではあるまいかと案じて、いかに心を痛めて来たかが推察できるのである。しかるに右近殿においては、デウスへの愛と信頼は、すべての人間的な恐怖を凌駕していたので、彼が抱いていた、人質が救出されるとの希望は、より大いなるものがあった。彼は自らの生命、身分、名誉、自分の父母、妻子、妹の生命、ならびに現世において有するあらゆるものを何一つ残さずにデウスの名誉とキリシタン宗門の一般的至福のために賭したのであった。*5

この在岡の包囲は一年半継続した。その期間の終り頃、荒木が城を出てしまうと、彼の幾人かの家臣は、同所で彼の代理として統治していた城代に対して叛起した。そのために信長の家臣らが侵入し、多数を殺戮した。そこで天守（閣）に立て籠っていた人たちは、もはやかかる長期にわたる攻囲に堪えられなかったので、信長に対して憐れみを乞うた。かくして将兵一同は、荒木がいる尼崎に赴いて、彼に向かい在岡の天守（閣）を兵庫、尼崎の城とともに信長に投降させるよう説得することにした。そのため、すべての女と子供らを人質として残留させた。信長はそれを受諾した。彼らは信長に約束したように、荒木を説得するために出かけたが、荒木は自らの責任においては何事もなし得なかったので、大坂の仏僧と協議した。仏僧は全然同意しなかったので、荒木の兵士たちは危機を脱したとはいえ、彼らの妻子は死刑に処せられた。

信長は、右近殿に人質を返し、父を都へ送るように命令した。彼はそこからダリオを越前に遣わしたのであるが、それについては、在岡城に残った全員に科した裁きのこととともに次章で述べることにする。

＊1　一五七七年二月一日（天正五年一月十四日）、信長は安土から上京して妙覚寺を宿舎とし（『史料綜覧』巻十一、一三六ページ）、十日間滞在したが、この時オルガンティーノ師は新しく着任したジョヴァンニ・ステファノーニ師を伴って年賀の挨拶

を兼ね同所へ参上した（C I. f. 394）。なお、一五七八（天正六）年の信長の動静を述べると、彼は中国地方における戦闘がたけなわであったので、軍勢を督励指揮するために安土からしばしば上洛した。その戦陣多忙の間、オルガンティーノ師をはじめ宣教師たちは、安土や都において、信長ならびにその息子たちとたびたび相会しては友情を深めた。たとえば、洋四月十六日（邦三月十日）頃、オルガンティーノは安土を訪れて、長時間、信長、ついで信忠と語り合っているし、洋四月二十九日に信長が三子を伴って上洛した時にも、オルガンティーノらは一時間対談した。五月末から六月一日にかけての三日間に、入京した三人の息子は、信雄、信忠、信孝の順に都の教会を訪れ、オルガンティーノは洋八月二十日（邦七月十七日）、堺浦に赴いて信長の戦艦を見物した（C I. f. 415～v.）。

＊2 既述のように荒木村重は一五七三（天正元）年からは摂津守となったが、フロイスはつねに信濃守と記している（ARSI. Jap. Sin. 7I. ff. 233v., 255v. CII. ff. 100v., 110など）。

＊3 天正二年十一月十五日（一五七四年十一月二十八日）に信長は「伊丹」を「在岡」と改称させた（『史料綜覧』巻十一、五七ページ）。『多聞院日記』（巻三、八四ページ）に「アリオカ」とある。フロイスは、一五七五年五月四日付の書簡では、まだ「伊丹」“ytami”としているが（ARSI. Jap. Sin. 7I. f. 255v.）、「日本史」では「在岡」と改めている。

＊4　『総見記』（巻十八、二九八ページ）にその名がある。

＊5　『総見記』巻十八も相当詳しく本件を記載している。フロイスの記事と相違する点もあるが、大要においては符合すると言い得よう。「同（十）月下旬摂州の守護荒木摂津守村重叛逆を企て、毛利家一味の由ところどころより注進す。大臣家聞し召され、村重事は先年公方家の近臣なり、然る処に室町殿（足利義昭）謀叛の時節、当方に属して忠勤を抽で、是に依て摂州一円宛行ひ、涯分随一の味方なるに、今何に依ての謀叛ぞや、先づ以て事の実否を糺さるべしとて、松井宮内卿法印、惟任日向守（明智光秀）、万見仙千代に仰付けられ、摂州へ差越さる。三使の者、村重居城伊丹に到て対談し、様々異見申す処に、村重屈伏して、尤も某誤り入り候ふ上は、向後出仕申上ぐべき由御請申し、何の遺恨之なき由御返答仕り候。然る処に其後村重家老ども申す様、譬へ一旦御赦免有りと云へども、後難穏便たるべからず候ふ間、只此まゝ出仕をとどめられ、謀叛然るべきの由之を申す。村重又之に同心し、終に三使に向って向後出仕仕るべからざる旨申し切り畢んぬ。是より別心の色を立つるに依て、三使の者安土に帰り、委細言上する処に、大臣家聞しめされ、此上は是非に及ばざる由宣ひけり。

十一月三日（洋十二月一日）、大臣家、荒木方御退治として御上洛これあり、二条御新造へ御成、此時又羽柴筑前守、惟任日向守、宮内卿法印に仰付けられ、荒木村重方色々拵へ仰せ聞かせられ候へども、曽て以て承引せしめず、終に御請申さず候間、此上は彼の者御退治の儀一決し畢んぬ。……同月九日、大臣家摂州御出馬、今日山崎御泊、翌十一日差向けらるゝ御先勢の手賦の次第、滝川左近将監、惟任日向守……此面々芥川、糖塚……、太田村、猟師川、郡山辺陣取り、御敵城茨木表へ差向ひ候。太田郷北の山に御取出御普請申し付けられ、扨三位中将殿（信忠）、北畠殿（信雄）、三七殿（信孝）……等、天神の馬場辺陣取り、御敵城高槻へ差向ひ、天神山中将殿御本陣これあり、大臣家の本陣は天野山也。こゝに高槻の城主高山右近〔後南坊と号す〕、年久しく耶蘇宗門に帰依するの儀聞し召し及ばれ、彼の宗師伴天連を召し申され、仰出され候には、此の時高山味方に参り、御忠節仕る様に才覚致すべく候、左候はゞ、向後伴天連門徒相違なく立て置かるべく候、若し御請仕らず候はゞ、彼の門徒永く以て御断絶なさるべきの由、委細仰付けられ候ふ処に、伴天連御請仕り、佐久間右衛門尉、羽柴筑前守、宮内卿法印、大津伝十郎同道せしめ、高槻の城へ罷り越し、種々教訓申す処、高山事尤も荒木方へ人質出し置き候へども、小事を捨て大事を扶くる事に候ふ間、御味方に参り、御忠節仕るべき由申上げ、則ち高槻の城進上申し候、大臣家御悦喜なされ、伴天連召出され、御褒美として黄金三百枚、小袖十重之を下さる。同十一日、高山人質是を献上す。……同十五日、大臣家天野より郡山（茨木西北）に到り、御本陣を移され、同十六日、高山右近郡山へ参上、御礼仕り候ふ処に、大臣御悦喜斜ならず、忝き御諚ども、其上寒天の由仰せられ、御膚に召させられ候ふ御小袖脱がせられ、是を下され、並に植原進上の御秘蔵の鹿毛の御馬、吉則の御腰物拝領し、剰さへ今度味方に参り候御褒美として、当国芥川郡領知せしむべきの由仰付けられ畢んぬ。其晩又中将殿より黄金五百枚右近拝領し、黄金二枚づゝ、右近家老両人共に拝領す。北畠殿より名馬三疋、鞍皆具共に右近是を拝領候……（十二月）廿一日、大臣家古池田より京都に到り、御凱陣……翌廿五日安土御城へ御帰着なり」（二九五―二九九ページ）。以上の記事が事実とすれば、右近はこの投降により、信長から相当なる褒賞を受けているのであり、フロイスの記事には、右近をキリシタンとして讃美しようとしてかなり事実を曲げた形跡がある。

第一三章（第二部二八章）

信長が荒木一族に科した厳罰のこと、ダリオの追放、ならびに三ヶ殿とその息子が被った生命の危険のこと

この頃、信長は、荒木と大坂の仏僧が自分に敵対して同盟を結び、彼らに好意を寄せている山口の国主（毛利輝元）と結託していたので、彼らに対して激しい戦いを展開していた。信長は彼らを長期にわたって包囲していたが、（それに対して）抵抗し得ず、またいかに懇願しても信長が自分を許してくれないことを見た荒木は、この年の初め頃、密かに家臣たちにも気づかれることなく逃亡することを考え、彼の在岡城を見捨てて大坂に身を寄せた。[*1] 彼はその秘密をただ数名の親族と城の世話を委ねていた武将たちに打ち明けた。しかるに彼らは、荒木が戦意を喪失し、彼らも信長に対して抵抗する力がないことが判ったので、必要に迫られて彼と協議し始めた。彼らはそうすることによって自分たちと妻子の生命を救い、荒木と彼の万事について抱いていた信長の激しい憤怒と

憎悪から免れ得ると思っていたのである。信長はこうしたことに狡猾であったので、賢明に処置し、彼らは城もろとも、彼に投降するに至った。

信長はそれらを掌中に収めると、荒木に対して憤懣と不興を抑制しかねたので、在岡城にいる者全員を相手に、未曽有の残虐さをもって、その怒りと深い憎しみを満させることを決意した。まず彼は荒木の妻をはじめ、二人の娘、兄弟、彼女の兄弟姉妹、さらにすべての従兄弟たち、甥たち、近親らすべて三十六名を捕えることを命じて、都《ミヤコ》へ送った。彼らは同所で、死刑の判決を記した板を立てた荷車に乗せられて、市《まち》の全部の重立った通りを連行されたが、それは死よりもはなはだしい恥辱と不面目に価するものであった。その中には非常に上品な子供たちや高貴な侍、若い婦人たちも混じっていた。彼らは処刑されることになっていた法華宗の大寺院近くの広場で車から降ろされた。すでに同寺の管長が袈裟に僧衣をまとって現われることが決っていた。彼は犠牲者たちに阿弥陀《アミダ》の名を十度唱えさせた後、彼らに対し、罪と罰を許すある種の儀式を挙行し言葉を述べた。津の国の領主の夫人でだしと呼ぶ荒木の妻は、天性の美貌と貞淑さの持主で、つねに顔に大いなる安らぎを示していたが、車から降りる前に、頭上の振り乱れていた髪を結び、身だしなみをより保つため、腰帯を締め、時の習慣に従い、幾重にも重ねた高価な衣裳を整えた。永遠の懲罰も来世の栄光も知らぬ異教徒として、即座に幾つかの詩句を作って朗吟したが、その意味は次のようであった。「まもなく亡くなるであろうこの身の生命が失せることは悲しまないが、ただ母への思慕と愛が、死ぬことを妨げる」[*2]。かくて彼女、および他のすべての者はそこで斬首された。

同年の終りの月の十三日に、荒木の城の貴婦人ら百二十名が捕えられ、最後の決定的判決を今か今かと待っていた。その親族や友人たちは深い苦悩に包まれながら、なんとか彼女らを救う方法はないものかと哀訴しながら、ここかしこを歩きまわった。だが彼らの努力は失敗に終り、彼女らを救うことが不可能だと判ると、彼らの苦悩は涙と、つきせぬ慟哭に変った。彼女らも死刑に処せられることを知ると、手紙によって親族らに別れを告げ、仏僧たちに執り成しを乞い、彼らに自分たちの財貨から多額の施与を行なった。我らの許で死に際して聖フランシスコの僧衣を着るように、日本人もそれをなすだけの余裕のある者は、彼らがそれまで尊敬していた仏《ホトケ》の生涯と秘儀をいっぱい書き込んだ紙の衣服を肌につけるのが常である。仏僧たちはこの欺瞞的な習慣を利用し、これらを漢字で書き、その衣と文字の功徳による来世の救いを彼らに約束し、それによって彼らは豊富な施与を受け、獲得するのである。その婦人たちはすべてこの下着を着、その上に所持しているもっとも高価で最良の絹衣を装っていた。彼女らは、大声で泣き、悲しみながら従った親族、友人、男女の召使いたちに伴われて、それまで住んでいた城から一里半の尼崎という市《まち》の近くの七松《ななつまつ》と称する地に連れて行かれた。そして同所の平地で全員百二十名は磔刑に処せられた。これらの婦人の幾人かには幼児があったが、母親をいっそう苦しめるために、幼児たちを彼女らの胸に縛りつけ、ともに十字架に懸けた。その一人一人があげる叫び声は、はるか遠方からも聞きわけられ、親族、友人だけでなく、見知らぬ人々にも、このような恐ろしく残虐な光景はあまりにも嘆かわしく思われた。一同が続いて十字架に磔《はりつけ》にされた後、刑吏たちは下から、あるいは銃弾をもって、または槍で彼女らを殺した。その一人一人を処刑して行くたびに、彼女らといっしょに来ていた親族、友人、知人たちの慟哭と呻《うめ》きと叫び声が起り、この恐怖は、そこに居合わせた人々の心に強く焼き付き、刻み込まれ、処刑において示されたこの光景に肝を潰した人々は、幾日も放心状態で過したのであった。

この第二の処刑は苛酷で前代未聞のものであり、この場合、全然罪なき人々に対して無慈悲な残虐さであったが、第三の処刑はさらに比較にならぬほど残酷で非人道的、かつ恐怖すべきものであった。四つの平屋が作られ、それに五百十四名が分けて入れられた。それらのうち、三百八十名は婦人で、百三十四名が男たちであった。そこで大量の乾燥した草、柴、木材が集められ、これに放火して彼ら全員を生きたまま焚（殺）した。彼らが発する悲鳴、聞こえて来る叫喚、彼らが受けているこの残忍きわまる苦しみの混乱ぶりは、かの地を恐怖で掩った。こうして多数の無実の人々が〔異教徒であったとはいえ〕荒木の悪意と鉄よりも頑固な心のため、その忘恩と悪行の報いとして、荒木のみが受けるに価する罰を受けることになったのである。[*3]

この火刑とその責苦から、右近の父ダリオ、ならびにその娘と孫だけが免れるように命ぜられたことは、主のいとも偉大な御手の守護による破格の取計らいであり、いとも大いなる神助であったと言わねばならぬ。なぜなら彼は、初めはこのふたたび取り下げられることのない宣告と残忍さに服することになっていた犠牲者の中に入れられていたからである。このダリオは、(本書)第一部においてすでに述べたように、五畿内で我らが有する重立ったキリシタンの一人であって、大いなる知識と勤勉さを備えた人物であり、イエズス会の親密な友人である。彼は今日まで日本で見出されたもっとも慈悲深い人物であり、このキリシタン宗門の真の柱である。前章で記したように、彼の息子のジュスト(右近殿)が信長に与《くみ》した時、彼は城を捨てて、日本の習慣により、人質として渡されていた孫と娘を荒木が殺さぬよう、そこから(五)里の在岡にいた主君の荒木方に自分の身柄を預けていた。信長はそのことをきわめて遺憾とした。彼はその敵に対して、とりわけこのような場合残酷だったので、彼がこの城を占拠したと聞いた時に、一同はただちにダリオが死亡したものと思っていた。そしてすべての人々から尊敬され愛されている息子のジュスト(右近殿)への配慮と、同じく大いなる尊敬を受けている五畿内でもっとも古く有徳なキリシタンの一人であるダリオ自身への顧慮から、司祭とキリシタンたちは、ダリオの身の上に多大の同情と落胆を覚え、主が信長の心を和らげ、彼をなんらかの方法で許すよう取り計らい給えと、多くのミサと祈りや鞭打ちの苦行を捧げて熱心に懇願した。我らの主なるデウスは、司祭および修道士、キリシタンたちとその妻子の涙と祈りを嘉納し給うたようであった。なぜなら信長は、とりわけ彼が決定したことを思い留まらせるために彼にあえて進言し得る者もないほど強大であったが、ダリオのために尽力する者があり、一つには彼の執り成しをした者たちへの配慮から、また一方、いとも重大な事態に際し、自分のために大いに忠誠を尽したジュスト（右近殿）に鑑み、彼を殺さぬことを決意するに至ったからである。とはいえ信長は、ダリオに対し相当の期間、頑固さを示し、彼を受け入れようとはしなかった。そして彼を囚われの身のまま越前国に送り、そこで彼のために彼一人だけが入れる籠の形をした監獄、つまり衆人の目につく牢屋を作らせた。彼はその中で、きわめて大きい労苦と苦悩を味わったが、生来彼は非常に善良で万人に愛される人柄の貴人であったので、越前国の国主（柴田勝家）と、城中の高位の家臣たちは、大いに彼に同情し、必需品を差し入れた。[*4]（中略）ところが幾日か経った後、信長はジュスト（右近殿）のところへ使者を派遣し、汝の父がいかに死に価するかは熟知しているものの、汝（右近殿）への愛情から先に死を許したが、同様の配慮から彼が今いる牢屋から出ることを許し、市《まち》を牢屋として彼に与えるであろう。なお彼の妻子がその地に赴いてともに暮すことを許す、生活に必要な糧を与えるように、と命じ、彼の自由を認めた書状を妻が安土を通過する際に与えるであろう。と伝達した。このようにしてあまり時を経ないで彼女が同所を通った時に、信長は彼女を大いに厚遇して書状を下付した。それを知り、司祭とキリシタンたち、およびその子供たちはこの上なく喜んだ。(中略)

他の問題が三ヶサンチョ殿(伯耆守頼照)とその息子であり嗣子であるマンショ(三ヶ頼連)に起り、彼らはその際同じく生命の最後の絆を断たれそうになった。それは彼らの郷里の河内国での出来事であり、同地には多羅尾殿と称する武士が住んでいたが、彼はキリシタン、特に三ヶ家の大敵で非常な悪人であり、年老い、そしてあらゆる悪事にひたっていた。彼はそのキリシタンたちに対する敵対行為を自慢し、彼の全思考は、彼らを滅ぼす方法を探し求めることに集中していたらしい。そして三ヶ殿が同国の(教会の)最強の支柱であるところから、ことさら、彼を激しく憎悪した。噂として多くの人々が語るところによれば、この事件はすべて多羅尾殿が仕組み捏造したものであって、サンチョとマンショは、信長に対して密かに山口の国主(毛利)と共謀し同盟したとして訴えられた。その証拠としてマンショの敵たちは、己れを偽り、山口の国主が自分と同盟した他の武将に宛てた書状を、マンショに宛てられたもののように見せかけて差し出した。とりわけ同国主は手紙の宛名の人に、信長との戦いにおいて抜群の手柄を立てるよう勧告し、それに対して十分に報いるであろう、そして三ヶ殿と息子の孫三郎(頼連)が、そのことでも、また他のことでもできるだけ自分を援助するように、と述べてあった。

このことが信長の耳に達するやいなや、彼は人並みはずれて短気であったので、ただちに両名を斬り、寸断するように命じ、その意を彼の軍勢の主将であり、その政権を担当する主要な人物である佐久間殿に書き送った。佐久間殿は戦いにおけるマンショの忠実な働きぶりに満足していた。信長が命令したことに対しては、いかなる異議を唱えることも釈明することも許されず、そのまま言葉どおりに遂行する習わしだったので――彼はそのような奉仕と服従を強いていたので――彼らにはなんの救済の望みもなく、ことにこのような事態における彼らの死は、司祭らやキリシタンたちにとってきわめて痛々しく心苦しいことであった。

佐久間殿は、一方では信長の書状の厳命を考え、他方では別な書状の謀略と偽造を思い、三ヶ殿とその息子との長期にわたる交際の経験から、彼ら一家には罪がないことを確信していたので、とりわけその判決の執行が自分に委ねられていたから、なおさら彼らの憐れむべき運命にいたく同情していた。それゆえ、彼はなんらかの解決策を見出し得ぬものかと長らく熟考した。彼は異教徒ではあったが、本性善良で高潔な人物であったので、あらゆる手段を尽して彼らを救出する覚悟でいた。だがいとも明確な信長の命令に反し、書状をもって異議を唱えることは、安全でも適切なことでもなかったので、彼は自身を賭して、同所からマンショを連れて都に赴き、信長の面前において本件につき報告することを決心した。信長は、彼がこのようなわけで来たと聞き、佐久間殿が信長の政権下で何ぴとにも見られぬ尊敬と信望を受けていたにもかかわらず、彼が来たことに大いに不興の意を示し、彼に大いなる怒りと厳しい表情を見せた。そしてその怒りはいっそう高まり、佐久間殿に向かい、「不束者《ふつつかもの》めが、貴様は予がこの若者を殺すように命じたるに、何ゆえに伴い来ったか」と言った。佐久間殿は、「殿が命ぜられたことを彼の身に実行するために捕え連れ参りました」と答えた。そこで信長は、「さればただちに彼を殺すことに着手せよ」と言った。佐久間殿は大いなる不安と恐怖がないわけではなかったが、ふたたび発言し、「殿が命じ給うように執り行なわれるでありましょうが、殿はまず、彼とこの叛逆に係わり合った数名の他の者についても同様処罰するために、詳しく取り調べ給うべきだと存じます」と述べた。彼の意図は、その若者が幾つかの己れの身の証しを立てる良い証言を開陳し得ようというところにあった。

佐久間殿の忠言は信長には当然のことだと思われたので、彼はただちに二人の武士に訊問するように命令した。彼らは若者が跪き、双手を挙げて死を待ち、デウスに対し自らの霊魂（の救い）について祈っているのを認めた。

日本では、刑吏はその犠牲者を落ち着かせ、彼らからあらゆる疑惑を除去するために大いなる好意を示しつつ、彼らがあまり予期していない時に殺すのが常であったから、二人はマンショの許に来た際、殺すためにではなく、汝に若干質疑するところがあって来たのだと言った。そこで若者は、自分はキリシタンであり、無実の罪で死ぬことを承知しているが、身の証しを立てることなく死ぬ覚悟でいるから、思いのままにされるがよい、と大いに決意して答えた。そこで二人の武士は、腰に帯びていた刀を外に置き、彼に近づいて、事態が求めている幾つかのことを質問した。そこでマンショは非常な勇気と信頼をもって、落着きのある大胆な面持で、巧妙に、かつ当を得た談話を始めたが、それは彼らを完全に虜にし魅了した。それは真理を守るために、我らの主がこの若者に大いに味方し給うたように思われ、後日、彼は自ら、かの危機に際し、自分の身に惹起したことどもは、知りも想像もし得なかったと述べた。彼の談話はさらに詳細であったが、主として次のように述べたのである。

「私はこれらの事情の許では、自身を守るために努めているふうに思われるので信用されないかも知れないが、私の父と私が今まで信長に示した幾多の功績と、彼から受けた多くの恩恵は、思慮と判断力ある人間が自らの功績を失い、なくすることを望み、手に負えぬ野獣のように恩知らずになり果てることを欲したと憶測させるような機縁をなんら与えはしないのである。私たちはいったい何がゆえに、すでに信長から受け、またつねに私どもの業績と功労以上に報いられた恩恵を忘れ、なおかつ日々彼からさらに期待される好意を、妨げ邪魔しようと企てるでありましょうか。されば私たちが信長に叛逆し、彼に代って、私たちを知らず、私たちが見識りもせぬ山口の大名に仕えるべきなんらの理由とてないのであるから、それはあらゆる理性ある思慮に反することである。したがって事態をよく熟考する時、殿は軽々しくそれを信用されるべきではないと私考いたします。なぜなら殿の知られるごとく、敵がその相手を、その主君の許で寵愛を失わせるため、またほかになんら悪しきことを行ない得ないので、彼らに復讐するためにこうした書状をしたためることは、日本においては、通常いかにしばしば行なわれることでありましょうか。そして私はキリシタンであり、私が訴えられていることは、私どもが主君を敬い、友好と忠誠を捧ぐべしという、デウスがその掟において命じ給うことにまったく反するのであるから、キリシタンの名誉にとり、いとも悪しき噂であるその恥辱は、自分自身の死よりも深く感じることであります。そして物事をすべて公正に定めることはデウスの御業であるから、私に関して弁明し防禦することは、主の御摂理に委ねている。何とぞ私の口から聞かれたように、信長に万事を報告されたい」と。

二人は彼の勇気とデウスへの信頼に驚嘆し、その道理に深く確信させられ、信長にすべてを明確に報告した。信長は彼らの報告を聞き〔王の心は実にデウスの御手にあり〕、彼も万事その若者が陳べたとおりであることを確信し、マンショの努力と偉大な勇気を賞《ほ》め、彼に自由を与え帰宅することを許し、そのうえさらに封禄を加えた。

司祭やキリシタンたちは、マンショが佐久間殿と都へ出発して以来、日夜休むこともなくマンショのために祈っていたので、その満足と喜悦は格別大いなるものがあった。

しかし信長は、将来の危険を防ぐためか、あるいは彼が事件を軽々しく見過してはいないことを示すためか、老三ヶ殿をその保護者である佐久間殿に属していた近江国永原の地に追放することを望んだ。我らの主なるデウスは、彼が善良なキリシタンで、河内のキリシタン宗の支柱であり、信仰に古く、我らのことに精通していたので、大いなる熱意をもって同国の住民たちに宣教することを嘉し給うた。彼らは彼の聖徳ならびにその高貴な血統のゆえに、彼にきわめて大いなる尊敬を払い、あらゆる方法で彼に仕え援助した。彼はダリオが越前国で行なったと同じことを行ない、キリシタンの教えを通して人々を導いたので、本年約五十名に洗礼が授けられ、独自の教会が建つに至った。

（以下略）

＊1　荒木村重が在岡を退いたのは、一五七九年九月二十二日（天正七年九月二日）のことである（『史料綜覧』巻十一、二二三ページ）。フロイスは「本年の初め」と述べているが、これは「日本史」を執筆した際に、古い同僚の書簡を利用したが、それらの通信に関し事情に詳しいフロイスすら、「本年」「昨年」などの用語について誤解したものと思われる。すなわち、一五八〇年十月二十日付豊後発信のロレンソ・メシアの書簡には、「昨年」とか「本年」の用語が頻繁に出ており、とりわけ「信長は長期間、彼ら（在岡城の荒木村重ら）を攻囲していたが、『本年の初め』にあたり、荒木は……城を出て」（C I. f. 474v.）とある。この本年の初め "no principio deste anno”はもちろん一月の意味をさすことがあるが、また、南蛮船は季節風の関係で秋になって日本から出帆することが多かったので、イエズス会員は前年の秋から当年の秋までを一年と見なし、前年の秋を「本年（度）の初め」と表現することがあったのである。

＊2 「きゆる身はおしむべきにも無き物を母のおもひぞさはりとはなる」（『信公』巻十二、二七九ページ）。

＊3 『総見記』巻十九に曰く、「大臣家（信長）聞し召され、侍の妻子を捨て駈落の次第、卑怯の至り、前代未聞の事に候。伊丹城中の者ども点検せしめ、宗徒の者其の人質男女三十余人は、京都に於て罪科に相行はるべく候。相残る者ども、人の支配をもする程の者の人質は一人も残さず尼崎の近所七本松と云ふ所に磔刑に掛け殺すべき由、山崎に於て仰付けられ候。是に依て今（十二月）十二日の晩景より三十余人の宗徒の人質、終夜京都へ引上され、妙顕寺に於て広き牢を拵へ入れ置かれ……相残る者……都合百二十二人撰出し……明日磔刑に掛くべしとある。……翌十三日辰の刻に、件の女房百二十二人、各結構に出立ち、尼崎の城の近所七本松と云ふ所へ一度に引出し、幼少なる子供をば母に懐かせ、皆々残さず磔刑に掛けならべ、警固の武士ども鑓長刀太刀を以て一々刺殺す。女房ども一度に喧と泣叫ぶ声夥しく、見聞の貴賤覚えずして落涙す。是を見たる者廿日卅日程は其面影身を離れざるに似たりと云云。此外女の分三百八十八人、是れ皆召仕の下女なり。男の分百二十四人、是

れ侍の妻子どもに付け置きたる若党なり。合せて五百十二人をば、矢部喜七郎御検使に仰付けられ、家四つに取籠め、込草を積ませ、悉く焼き殺され候。……同月十四日、山崎より京都妙覚寺に御帰洛、明後十六日に、荒木一族宗徒の者妻子ども京都に於て御成敗たるべき由仰出され候。……彼の者ども……或は和歌を詠じ……思ひ〳〵に死用意す。同月十六日辰の刻、荒木妻子の者ども車一両に二人づつ乗せ洛中を引渡さる。……荒木が妻だし、生年廿一歳……六条河原まで引付けらる。……卅余人残らず頸を刎ね捨てらる。就中だしと云ふ女は世に聞えて美女と云へり。今日車より下り様に帯しめなほし、居直って髪高く結上げ、小袖の襟を押しのけ、尋常に切殺さる。……此等の死期見聞の諸人、皆以て感嘆し畢んぬ」(三一九―三二〇ページ)。

＊4 『総見記』巻十九に「十二月五日、高山飛驒守事、去年伊丹へ走入り、不届したるに依て、青木鶴御使にて北国へ遣はされ、柴田に御預けなされ候」(三一八ページ)。

Ⅳ　安土山にて

第一四章（第二部二九章）

安土山で法華宗と浄土宗との間で行なわれた公の宗論[*1]について

日本の祭儀はすべて悪事の張本人である悪魔によって考案されたものである。これがために仏僧らは相互に絶えざる口論の中に生きており、掟に対する熱心さによるのみならず尊大さや見栄からも、同じ宗派に属する者たちですらしばしば相互に論争し合うのである。ふつうこうした争論や反論は、釈迦《シャカ》と称する仏《ホトケ》を礼拝し信奉し、日本でもっとも悪辣な宗派である法華宗と、阿弥陀《アミダ》と呼ぶ他の仏を崇拝し信仰する浄土宗と称せられる二宗派の間で、他よりより頻繁に行なわれている。

ある時、坂東《バンドウ》の領国から霊誉《レイヨ》と称する阿弥陀宗の仏僧が安土山を訪れ、個人的な信心から、同所でその宗派の信徒らに若干の説教をしようと欲した。彼らの中に、紹智《ジョウチ》と伝介《デンスケ》なる二名の法華宗の信徒が紛れこんでいた。両名は憤怒に駆られ、説教の最中に幾つかの疑問を説教師に対して投げかけた。彼は答えて、御身らは無学だから、法の権威をもって答弁したところで判ってはもらえぬであろうし、それに対して返答することもできまいから、法華宗の僧侶を呼ぶがよい、拙僧は今週中、当地で説教を続けるから、もし彼らがここに来るならば、彼らに対して御身らの疑問を説明するであろう、と述べた。法華宗の両信徒はこの発言に火をたきつけられ、ただちに都《ミヤコ》と堺に飛脚を走らせ、法華宗の重立った寺院でもっとも学識と権威のある長老たちを招くことにした。これら宗派の上長たちは、かかる事態が生じたことを無上に喜び、すでに勝利は我にあると考え、豪華な衣裳をまとった信徒の大群衆を招集し、信長に贈呈する多くの高価な土産物を携え、ほどなく安土に参集した。彼らは信長を訪問し、彼の許可なしには論争ができぬので、大いなる傲慢さと尊大さを見せながら彼にその許可を求めた。信長は坂東の説教者を召喚せしめて、宗論を受けて立つかどうかを質《ただ》すと、彼は謙遜に、御下命に従うと答えた。信長は法華宗徒たちに向かい、彼らを熟知する者のごとく、汝らがここで論争するのは、それに要する努力と費用からしても予には不必要なことに思われ、当地に参集して来る両派の多くの者どもに対しても同様である。またそれはなんの役にも立たぬことだからである、と述べた。法華宗徒らは、堺と都以外からは誰も来ないように命じてある、と答え、すでに一同集合しているので、宗論のための許可を賜わりたいと今一度繰り返した。なおそのうえ法華宗の重立った仏僧たちの署名入りの一書を信長に捧呈し、もし彼らがその宗論で敗北を喫した場合には、信長が彼らを殺し、その寺院の破壊を命じても差し支えないと約束した。そして彼らが行なおうとすることを再考されたいと懇願した。そこで信長もついにその懇請に負けて許可を与えた。

　信長は宗論が行なわれる場所（浄厳寺）に、城中の四名の身分ある家臣[*2]を立ち合わせることに決めた。また仏僧側においても、双方に記録係りがおり、論争者のおのおのが述べたことと、立合いのために外から来た仏僧の証言を筆録した。その場所の立派なこと、座席の準備、仏僧の格式、民衆の集合という点では、ヨーロッパの著名な大学で上演される公開劇の雰囲気と貫禄を備えていたが、討論の内容に至っては、その宗派と同様に実にたわいなく、思索を欠いたものであった。法華宗の側からはティアンと称する高位の僧が論証の役目を担当し、浄土宗の側からは坂東の説教者であるかの霊誉が役を引き受けた。彼らは何一つ論理や哲学的知識を持ち合わせておらぬので、筋道を立てて論証することができず、彼らの経典に関する若干の問題を短い言葉で質問するのが精いっぱいで、相手側も言葉少なに答えるだけであった。論争の的は、釈迦の法を収めた法[ホ]

華経《ケキョウ》八巻の中に念仏《ネンブツ》〔浄土宗が奉ずる阿弥陀と称する仏を呼び求めること〕と称するものがあるかどうかを質すことであった。法華宗（徒）答えて曰く、然り、念仏ありと。（浄土宗徒問うて曰く）、然りとせば、何ゆえそれを唱える者もまた地獄に落ちるのか、汝らはそのように説くのか、と。霊誉（曰く）、然り、我ら、かく説くなり。テイアン（曰く）、法華宗の阿弥陀と浄土宗の阿弥陀は一つの実体なるか、または二つなりや。霊誉（答えて曰く）、阿弥陀はいかなる場所にも存在し、唯一の実体あるのみと。さらに六つあまりこれらに似通った質問を続け、今度は坂東の僧が法華宗のテイアンに、釈迦が四十四年間説いた妙《ミョウ》と称する文字、すなわち漢字の意味しているところを承知しているかどうかについて質問を試みた。この文字を彼らは、いかなる人知をもってしても達することができず、計り知れないものと解していた。法華宗の論者は呆然としていかに答えてよいか判らなかった。霊誉は引き続き、汝、参ったか、と再度質問したのに対して、相手はなんら返答しなかった。ここで坂東の説教者は並み居る大群衆の前に躍り出て、団扇を手に、いとも厳しい表情で踊り出し、勝利を宣して声高らかに歌の口調で言った。法華宗の長老日珖《ニッコウ》、妙の文字に屈す、と。

観衆の中から大いなる嘲笑が起り、見る間に彼らは法華宗の僧たちの上に襲いかかった。ある者からは、飾りにつけていた立派な袈裟を奪い、ある者からは、上にまとっていた外衣《マント》を剝ぎ取った。その場に豊富に配られていた法華経書を破り捨て、贈呈用の絹の反物とダマスコ織物を寸断した。同所に持ち込まれていた多量の食物は、居合わせた人々によって掠奪された。群衆の一部は、法華宗の僧侶を殴打した。都や堺から来た法華宗徒らは我先にと逃走したが、道に迷い、数日間歩き続けたあげく、山中で餓死した。法華宗徒はその横柄な慢心を打ちひしがれ、名誉を失った今は人目を避けて隠れ歩き、万人の嘲罵の中で狼狽し恥じ入り、身の置き場もない始末であった。

討論の結果が信長に報告され、法華宗が敗北したことが判明すると、彼は法華宗徒を面前に召喚せしめた。一方彼は坂東の仏僧に勝利の功績を讃えて一つの団扇を与えた後、まず最初に、彼の家臣で説教中の僧侶に討論を挑んだ二名のうちの一人伝介を呼び、汝は一国の主とはいえ、その所業は汝にふさわしからず、俗人でしかも塩を売って生計を立てている身でありながら、[*3]説教中の仏僧に宗論を挑むという大胆なことをあえてした。その無謀さたるやはなはだしいものがあり、天下《テンカ》に対してもそれは不名誉なことである。よってただちにこの男の首を刎《は》ねよと言い、言下にその首を刎ねしめた。

法華宗の仏僧の中に普伝と称する重立った僧がいた。その学問と権威を人々は大いに重んじたが、信長は彼を偽善者で欺瞞者であると称し、学徳を持たぬにかかわらず民衆の前にそれを有するかに見せかけたとして厳しく責め、宗論に敗れた当然の報いを彼にも与えよと言い、ただちに斬首することを命じた。

さらに彼は法華宗の僧侶たちに対し、彼らが宗論において浄土宗に敗北したのは真実であり、今後日本のいかなる宗派とも論争せぬと約束する署名入りの文書を提出するように命令した。僧侶たちは文書の提出を強くためらったが、長谷川《フセガワ》と称する信長の家臣は、殿が（右の男以外の者に）生命を許した恩恵に対して〔もし敗北した場合には彼らを殺してもよいと述べた署名入りの文書を渡していたので〕黄金二百枚を差し出すべきであると付言した。このため彼らは極度の不安と苦悩に陥ったが、署名した文書を差し出し、後に仲間たちの援助を得ることによって（各自の負担）金の軽減をはかった。

以上の出来事が都に伝わると、信長は法華宗の寺院をことごとく破壊し、襲撃することを命じたとの噂が巷間を流れるようになり、これらの寺院は異常な不安と危険および恐怖に曝された。このため彼らは家財を集め、できうるかぎりそれらを隠匿するために奔走した。外に搬出されたものの中には途次掠奪されるものもあった。こうして法華宗は何年かの間、日本では軽蔑され屈辱を受けることになった。

（その頃）日本中を遍歴していた他の仏僧が都を訪れた。彼は恐るべき詐欺師で、弁舌が巧みであり、偉大な説教者として知られ、この上なく尊大に構え、あらゆる仏僧の通念を破る極度に風変りな僧で、名を無辺《ムヘン》と称した。それは無限、すなわち限りのないことを意味し、日本中の諸国でその名を知られていた。ある者は彼が奇跡を行なうと言い、またある者は、心の奥底を見抜き秘密を告げると言い触らしていたので、大勢の人が彼に付きまとった。彼を一目見、その衣服に接吻しようと彼の宿へは大群衆がつめかけて戸口で彼を待っていた。元来、信長は過度なことを行なったり、新奇を衒《てら》う者が世間を騒がせることをこの上なく嫌悪し、また彼自身傲慢であるところから、己れを偉ぶり、他を見下すことを欲する者が自分の領内にいることに我慢がならなかったので、かねて上記の僧について人々が語るところを聞き、彼を召喚させ、栄螺坊《サザイボウ》なる、彼を自宅に宿泊させていた他の仏僧とともに罷り出るようにと命じた。そしてその容貌を観察した後に、汝は何国の者かと訊ねた。彼はただ、無辺とのみ返答した。信長は、シナかシャムか、それとも何国の者かと訊問した。彼は自分は巡礼であると言った。信長は、すべての人間の出生は、それらの国の一つ、すなわち日本かシナかシャムでなければならぬ。汝がかかる姿をした悪魔であるならば話は別だが、さもなくば、汝の身分はただちに知れるゆえ、奇異なことだと言った。これに対して無辺は、坂東地方の出羽の羽黒の出であると言った*4〔正しくは悪魔に奉仕する人々が集まる場所である〕。信長は、これに答えて言った。予はこの者が詐欺を好む妖術師であるとかねがね汝ら（家臣たち）に申していたであろう。彼は今まで自己の出生地をも常住地をも有していない。しかも自らを〔日本の古い仏《ホトケ》である〕弘法大師《コウボダイシ》であると言い触らし、与えられるいかなるものも受け取らず、それによって野心がないことを示し、宿泊した家にそれらを置いて行く、と人々は言う。事実そうだとすれば、何ゆえに彼は同じ家に一度ならず再度立ち帰るのであるか。予にはそれが物欲を軽んじた業であるとは思われぬ。むしろそれは物を捕えるための画策であり発案である。汝は奇跡をなすと言われるが、予の面前で行なってみよ、と。だが彼は奇跡を片鱗だになし得なかったので、重ねて信長は、奇跡を行なう人間は本性、その気配、眼の動き、表情にその有する徳操を表わしているものである。しかるに汝はそこらの山で薪を伐採して歩くいかなる薪採りよりも下賤かつ野卑である。汝は無知な婦女子らをたぶらかし、汝が通過する国や町で金を使わせ、哀れな者たちを虐げている。それらは大いなる悪事である。されば、〔家臣らに向かい〕汝らでこの者を引き降ろし、罵倒せよ、と言った。

彼らはただちに同所で少しばかり彼を殴打し、その長くばらばらに垂れ下がった頭髪を剃り、首に縄をつけて町の通りを連行し、この不名誉を与えた後、市《まち》の外に放逐した。のちほど、ふたたび信長はこの僧侶がなお詐欺を働き、夜中過ぎに宗派の何事かを密かに伝授されるために男女の者が彼を訪ねており、彼が病んだ女たちに呪《まじな》いを行なっていると聞き、意図したことを固執するのに厳格な信長は、すべての道に見張番を配置して彼を捜索することを命じ、彼を見出すとただちに斬首せしめた。異教徒たちは、信長が彼を殺すのを見て若干の恐怖を覚えたが、その詐欺師の死後、彼が行なっていた偽善と詐欺を知るに及び、そのことを信長のきわめて思慮ある行為と認めるに至った。

＊1　一五七九年六月二十一日（天正七年五月二十七日）に安土で行なわれた著名な浄土、

法華両宗の間での宗論である。本件の直後にオルガンティーノ師がフロイスに宛てた書簡はエーヴォラ版書簡集に収められている（C I. ff. 450～451 v.）が、「日本史」では多少異なった記事となっている。その間、非常に注目されるのは、書簡においては、「浄土宗徒」と「法華宗徒」の問答となっている一方、「日本史」は、レイヨなる坂東の浄土宗の僧侶と、テイアンなる法華宗の高僧の問答としており、終りにその問答に法華宗のニッコウなる僧侶が返答に窮したと記している。この宗論は日本宗教史上特筆すべき事件であり、『安土問答実録』ほか、史料が整っていて、辻善之助博士の詳しい研究成果も発表されている（同氏『日本仏教史の研究』五八五―六三六ページ）。それゆえ、問答の経過なり登場人物の氏名はすでに明らかなのであるが、フロイスは「テイアン」を法華宗の僧侶とするような大きい誤りを犯している。実は「テイアン」は「貞安」にほかならないが、浄土宗の側の討論者であり、法華宗の代表者「日珖」らと宗論を交えたのであった。フロイスが「日本史」を執筆するにあたり、日本側の文献を利用したことは、後述する「無辺」の記事が『信公』の一文と一致すること（拙著『南蛮史料の発見』一二二―一二三ページ参照）だけでも明らかであるが、本章の「安土宗論」の記事は、邦文献を利用し、かつ部分的に誤解していることを物語るものと言わねばならぬ。したがって本注において、この宗論に登場する人物について明らかにしておく必要を認める。まず、関東の浄土宗の僧霊誉玉念が安土において説教していたところ、法華宗徒である建部紹智と大脇伝介（また塩屋伝介）が不審をかけたので、霊誉は、法華の師僧を出せば応じると答えた。そこで法華宗の側からは、京都頂妙寺の日珖、常光院の日諦、久遠院日淵、妙顕寺大蔵坊、堺の妙国寺普伝その他が安土に来たり、浄土宗の側では安土、田中の西光寺の聖誉貞安が霊誉を助けることになった。浄土宗の浄厳院仏殿での宗論にあたり、霊誉は「予の云為《しわざ》ニ候間、申すべし」と言い、語り始めようとしたところ、西光寺の貞安が早口で法華宗の側に問答を挑み、貞安と法華僧との間で宗論が展開されるに至ったのである。

＊2　菅屋九右衛門、矢部善七郎、堀久太郎、長谷川竹（『信公』二五〇ページ）。

＊3　この箇所には奇妙なことが記されているが、『信公』に「大脇伝介召し出だされ、仰せ聞かせらるゝの趣、一国一郡を持つ身にても似合はざるに、おのれは、大俗と云ひ、塩売の身として……」（二五二―二五三ページ）とあるのが対照される。ちなみに大脇伝介は「塩屋伝介」とも記されている（二五四ページ）。

＊4　『信公』巻十三に、同じ文章がある（二九一ページ）。

第一五章（第二部三一章）

巡察師が都に信長を訪問し、同地から再度、安土山を参観に赴いたこと

復活祭の日の昼食後、巡察師[*1]（ヴァリニャーノ）は多数のキリシタンに随伴されて（高槻から）都《ミヤコ》に向かって出発した。そして同夜都に到着すると、翌日さっそく、司祭は我らの修道院から一街を距てたところにある、信長が宿泊している本能寺と称する寺院――彼は僧侶を追放し、同所に幾つかの邸を造った――に彼を訪れた。信長は種々質問し、かなりの時間にわたって巡察師を引き留め、同師を手厚くもてなした。[*2]そして帰るに際しては、同師への品として、同日、北日本の果てにある坂東《バンドウ》地方から信長に届けられた贈物を修道院に届けさせた。それは日本ではかの地だけに棲息しているきわめて珍重される野生の鴨に似た十羽の大鳥であった。これは、このような権力を有する支配者の好意が、キリシタン宗門の名誉と名声にいかほど必要であるかを知っていたキリシタンたちにとって、大いなる慰めであった。

これと同じ頃に、信長はいま一人のアスエーロ王のごとく、その栄光を示すために、きわめて気品のある有名なある行事を開催しようと欲した。そのため、彼の領国のすべての君侯と武将たちは、晴着をまとい、できうるかぎり豪華な出立ちで、都で催される試合に臨むためにそこに集合した。したがって一般に市《まち》で噂されているところによると、このために囲いが作られ、装飾された競技場には、飾り具をつけた馬にまたがり、各人華麗な出立ちの七百人の武将が集うことになり、諸国から見物のため同所に集まる群衆の数は、皆の判断によると二十万人に近いと言われる。巡察師は、入場者が身につけている大量の金と絹が織りなす絢爛豪華な光景は生涯かつて見たことがないものだ、と語っていた。そこには、この催しを見物するために参集した他のすべての高貴な男女や僧侶たちとともに、内裏《ダイリ》も姿を見せていた。[*3]

信長は、巡察師が司祭、修道士全員といっしょにこの催しに列席するように特に命令し、そのために高台から見物できる桟敷に似て、よく設備された立派な場所をわざわざ彼に提供した。司祭らは、信長が抗弁できる相手ではなく、とりわけこのようなことはキリシタンたちにはきわめて特別な好意であると受け取られていたし、またその行事では競技をしながら、用意されている柵に沿って馬を走らせるだけのことであったので、司祭らはその招待を断わるわけにはいかなかった。さらに（断りきれない）いま一つの理由は、巡察師が信長を訪問した際、日本の習慣にしたがって、かねてこの目的のためにシナ（マカオ）に住んでいる敬虔なポルトガルの婦人某が、彼に与えた金の装飾を施した濃紅色のビロードの椅子を贈呈していたことである。[*4] 日本では珍品であり、ことにこうした時期に贈呈されたということもあって、信長はこの椅子をことのほか喜び、自分の入場に威厳と華麗さを加えるために、それを四人の男に肩の高さに持ち上げさせて、自らの前を歩かせた。そして行事の最中、彼の身分を誇り、その偉大さを表示するために、一度馬から降りて椅子に坐って見せ、他よりも異なる者であることを示した。

都で催された行事が終ると、信長はただちに安土山に帰還した。そしてもっとゆっくり好機を見て信長を観察しようと決めていた巡察師も後を追って安土山に向かって出立した。

信長は、都と、日本人が日本王国をさした言葉である天下《テンカ》の主であったが、その日頃の住居は都から十四里のところにある近江の国の安土山にあった。彼は同国を征服すると、その地を居住地に選び、十二、三カ年にわたって同地から諸国を支配したのである。彼はそこに、城がある一つの新しい都市を造築したが、それは当時、全日本でもっとも気品があり主要なものであった。なぜなら位置と美観、建物の財産と住民の気高さにおいて、断然、他のあらゆる市《まち》を凌駕していたからである。

その市《まち》は、長さが二十数里、幅は二ないし三里、ところによっては四里もあり、多くの地点から市《まち》に入りこんでいる、一見海のように大きく豊かな湖を一方にひかえ、他方ではきわめて豊穣な米作地を多く有する平地に位置している。この市《まち》の端には、形の上では三つに分れた大きい山が聳えている。これらの山は、樹木と水のために生き生きとしており、年中、草木におおわれている。その山の辺りを湖水がひたしているので、その場所は非常に美しく堅固であり、中央の山は他に比べて一段高く抜きんでている。

信長はこの地に（難攻）不落な城をもった新市街を築き、自らのあらゆる栄光を発揮せんとした。そこで同山の麓の平野に庶民と職人の町を築き、広く真直ぐに延びた街路――それは実に長く立派な通りだったので、美しく見事な景観であった――を有するその市《まち》の整備を彼らに担当させた。これらの街路ははなはだよく手入れされていて、人々の往来が盛んなために、毎日二回、午前と午後に清掃が行なわれていた。すでに市《まち》は一里の長さにおよび、住民の数は、話によれば六千を数えるという。

市《まち》から距たった湖の入江に沿った他の場所に、山麓を起点として、信長は領主や高貴な人たちの邸宅を築くことを命じた。皆は彼が欲することを行ないたいと願っていたので、彼に従う諸国の領主たちは、山の周囲とその上部を囲み、非常に立派な邸を築いた。それらの邸宅はすべて、入口と上部に監視所を備えた、ふつう約十五パルモ以上の高さのよく築かれた石垣を有しており、個々の邸が頑丈で、手ごろな城を形成していた。このように山の周囲を諸邸宅が上部に向かって重なり合うように建てられており、それらの邸宅が山をさらに清澄に見栄えのする優美な眺望としている。遠方から車で運搬してくる石材を集める困難さからしても、それらが莫大な費用と手間を要したものであることが知れるのである。

信長は、中央の山の頂に宮殿と城を築いたが、その構造と堅固さ、財宝と華麗さにおいて、それらはヨーロッパのもっとも壮大な城に比肩し得るものである。事実、それらはきわめて堅固でよくできた高さ六十パルモを越える――それを上回るものも多かった――石垣のほかに、多くの美しい豪華な邸宅を内部に有していた。それらにはいずれも金が施されており、人力をもってしてはこれ以上到達し得ないほど清潔で見事な出来栄えを示していた。そして（城の）真中には、彼らが天守《テンシュ》と呼ぶ一種の塔があり、我らヨーロッパの塔よりもはるかに気品があり壮大な別種の建築である。この塔は七層から成り、内部、外部ともに驚くほど見事な建築技術によって造営された。事実、内部にあっては、四方の壁に鮮やかに描かれた金色、その他色とりどりの肖像が、そのすべてを埋めつくしている。外部では、これら（七層）の層ごとに種々の色分けがなされている。あるものは、日本で用いられている漆塗り、すなわち黒い漆を塗った窓を配した白壁となっており、それがこの上ない美観を呈している。他のあるものは赤く、あるいは青く塗られており、最上層はすべて金色となっている。この天守《テンシュ》は、他のすべての邸宅と同様に、我らがヨーロッパで知るかぎりのもっとも堅牢で華美な瓦で掩われている。それらは青色のように見え、前列の瓦にはことごとく金色の丸い取付け頭がある。屋根にはしごく気品のある技巧をこらした形をした雄大な怪人面が置かれている。このようにそれら全体が堂々たる豪華で完璧な建造物となっているのである。これらの建物は、相当な高台にあったが、建物自体の高さのゆえに、雲を突くかのように何里も離れたところから望見できた。それらはすべて木材でできてはいるものの、内からも外からもそのようには見えず、むしろ頑丈で堅固な岩石と石灰で造られているかのようである。

信長は、この城の一つの側に廊下で互いに続いた、自分の邸とは別の宮殿を造営したが、それは彼の邸よりもはるかに入念、かつ華美に造られていた。我らヨーロッパの庭園とは万事において異なるその清浄で広大な庭、数ある広間の財宝、監視所、粋をこらした建築、珍しい材木、清潔さと造作の技巧、それら一つ一つが呈する独特でいとも広々とした眺望は、参観者に格別の驚愕を与えていた。

この城全体が、かの分厚い石垣の上に築かれた砦に囲まれており、そこには物見の鐘が置かれ、各砦ごとに物見が昼夜を分たずに警戒に当っている。主要な壁はすべて上から下まで見事な出来栄えの清潔な鉄で掩われている。上手《かみて》の方に彼の娯楽用の馬の小屋があるが、そこには五、六頭の馬がいるだけであった。それは厩であるとはいえ、きわめて清潔で、立派な構造であり、馬を休息させるところと言うよりは、むしろ身分の高い人たちの娯楽用の広間に類似していた。同所で馬の世話をする四、五名の若者たちは、絹衣をまとい、金鞘の太刀を帯びていた。三十五人の小僧がいて、夜明けの一時間前に、各自が箒を持って、それらすべての家屋の掃除に従事しているが、それはきわめて完全に注意深く行なわれていた。彼らはこの几帳面な外部の掃除のことだけに気を配り、いつもそのことを眼前に思い浮かべていたので、まるで毎日が盛大な祭日であるかのようであった。*5

日本の大工はその仕事にきわめて巧妙で、身分ある（人の）大きい邸を造る場合には、しばしば見受けるように、必要に応じて個々に解体し、ある場所から他の場所へ運搬することができる。そのため、最初に材木だけを全部仕上げておき、三、四日間に組み立てて打ち上げることにしているので、一年がかりでもむつかしいと思われるような家を、突如としてある平地に造りあげてしまう。もとより彼らは木材の仕上げと配合に必要な時間をかけてはいるが、それをなし終えた後には、実に短期間に組立てと打上げを行なうので、見た目には突然でき上がったように映ずるのである。

信長は築城を終えると、その名をさらに誇示し尊大ならしめるために、自らの宮殿の豪勢さを示そうと欲し、すべての国に布告を出させ、男女を問わず何びとも幾日かの間は自由に宮殿と城を見物できる許可を与え、入場を認めた。諸国から参集した群衆は後を断たず、その数はおびただしく、一同を驚嘆せしめた。見物人のなかには、オルガンティーノ師とともに司祭、修道士らも姿を見せた。彼らは宮殿の参観というよりも、信長に対して抱いている大いなる尊敬を表わし、さらに、話があったことを先に述べたように、この機会に安土山に修道院と教会を造るための若干の場所を入手できるかどうか試みに来たのであった。

巡察師が安土山に到着すると、信長は彼に城を見せたいと言って召喚するように命じ、二名の身分ある家臣を派遣して往復とも随伴せしめた。なお信長は、修道院にいるすべての司祭、修道士、同宿たちにも接したいから、いっしょに来るように命じた。彼らが着くと、下にも置かぬように歓待し、城と宮殿を、初めは外から、ついで内部からも見せ、どこを通り何を先に見たらよいか案内するための多くの使者をよこし、彼自らも三度にわたって姿を見せ、司祭と会談し、種々質問を行ない、彼らが城の見事な出来栄えを賞讃するのを聞いて極度に満足の意を示した。事実、同所には、見なくてもよいようなものは一つとしてなく、賞讃に価するものばかりであった。信長は美濃の国から送られて来た、その種のものでは日本で最良の、まるで無花果《いちじく》に似た果物が入った箱を彼らに差し出し、自らそれを司祭に渡し、他日もう一度彼を招待したいと言って別れを告げた。

城から出ると、ようやく通過できるほどの異常な人出であった。キリシタンたちは、彼ら司祭らが、このように名誉ある慰め深い好意と待遇を受けたのを見て、喜びを隠すことができなかった。

巡察師は同地に一カ月近く滞在し、聖霊の祝日を祝い終えると、かの地方（摂津、河内など）のキリシタン宗団を訪問することとし、信長にその許可を乞うた。彼は大いなる愛情に溢れた言葉をもってそれを許し、どこへなりと望むところに出かけ、欲するところに説教師を派遣するようにと言った。巡察師がその訪問から安土山に帰り、信長に別れを告げ、下《シモ》の地方に出発する運びとなった時、信長はさらに大きい別の好意を示した。その一つは、一年前に信長が作らせた、屏風《ビョウブ》と称せられ、富裕な日本人たちが、独自の方法で用いる組立て（式の）壁である。それは金色で、風物が描かれ彼らの間できわめて愛好されている。彼はそれを日本でもっとも優れた職人に作らせた。その中に、城を配したこの市《まち》を、その地形、湖、邸、城、街路、橋梁、その他万事、実物どおりに寸分違わぬように描くことを命じた。この制作には多くの時間を要した。そしてさらにこれを貴重ならしめたのは、信長がそれに寄せる愛着であった。内裏はそれを見ようとして、彼に伺いを立て、気に入ったので譲渡されたい、と伝えたが、彼はとりあわず、その希望（をかなえること）を回避した。ところで、巡察師がまもなく出発することになったことを知ると、信長は側近の者を司祭の許に派遣し、「伴天連殿が予に会うためにはるばる遠方から訪ね来て、当市に長らく滞在し、今や帰途につこうとするに当り、予の思い出となるものを提供したいと思うが、予が何にも増して気に入っているかの屏風を贈与したい。ついてはそれを実見した上で、もし気に入れば受理し、気に入らねば返却されたい」と述べさせた。ここにおいても彼は司祭らに対して抱いていた愛情と親愛の念を示したのであった。

巡察師は自らになされた恩恵を深く感謝し、それは信長の愛好品であるから、また特に安土山に関して言葉では容易に説明しかねることを、絵画を通じ、シナ、インド、ヨーロッパなどにおいて紹介できるので、他のいかなる品よりも貴重である、と返答した。

元来日本人は新奇なものを見たがる強い好奇心を持っているので、安土山、都、堺、豊後において、この屏風を見ようとして集まった人々の数はすこぶる多かった。そして一同の希望を満させ、男も女も自由に見物できるためには、それを教会に展示せざるを得なかった。異教徒たちは、我らが信長から、彼がいかなる場合にも同国人に対してなすことのない、かような多大の好意を寄せられているのを見て、我らを果報者と呼んだ。

その後、信長は巡察師のところへ他の使者を派遣し、伴天連らが（安土山の）かの修道院を建築するのに莫大な費用がかかったことを承知しているが、このためなんらかの援助を必要としているかも知れぬ。もしそうならば喜んで援助したいから知らせてほしいと伝達した。司祭らはこの使者の伝言についていかにすべきか協議したが、結局、何も要請しない方が良いと思われたので、我らに恩恵を施したいとの彼の立派な心持と善意に対する当然の感謝の念だけを伝えてもらうことにした。

すでに盆《ボン》と呼ばれ日本で異教徒が盛大に行なう祭――夜、各家の戸口や窓に多くの火をともし、提燈を掲げるのが習慣である――が近づき、巡察師が出発するための許可を信長の許へ乞いに行ったちょうどその際、彼は城に別の建物を造ったので、それを司祭に見せることにしており、家中を整理し清掃させた後に司祭を呼びに人を遣わすと、さりげなく司祭に告げさせた。これがため、司祭は別な行動をとるわけにはいかず、待たせられることになった。司祭は、教会への使者の役目を務めた身分ある家臣に対して、すでに出発の用意を整えており、信長の伝言（出発の許可）を待っていると伝えられたい、と幾重にも依頼した。だがその家臣はさらに十日間、ある時は一つの、ある時は別の理由にかこつけて祭典の日が来るまで知らぬ顔で押し通した。例年ならば家臣たちはすべて各自の家の前で火を焚き、信長の城では何も焚かない習わしであったが、同夜はまったく反対のことが行なわれた。すなわち信長は、いかなる家臣も家の前で火を焚くことを禁じ、彼だけが、色とりどりの豪華な美しい提燈で上の天守閣を飾らせた。七階層を取り巻く縁側のこととて、それは高く聳え立ち、無数の提燈の群は、まるで上（空）で燃えているように見え、鮮やかな景観を呈していた。彼は街路――それは我らの修道院の一角から出発し、前を通り、城山の麓まで走っている――に、手に手に松明《たいまつ》を持った大群衆を集め、彼らを長い通りの両側に整然と配列させた。多くの位の高い若侍や兵士たちが街路を走って行った。松明は葦《カンナス》でできているので、燃え上がると火が尽きて多くの火花を散らした。これを手に持つ者は、わざと火花を地上に撒き散らした。街路はこれらのこぼれ火でいっぱいとなり、その上を若侍たちが走っていた。

そうしたことに相当な時間が経過し、司祭、修道士、神学校《セミナリオ》の子供たちが寛《くつろ》ぎながら窓から祭りの火を眺めていると、徒歩で信長が我らの修道院の入口を通過した。巡察師は、他の司祭たちとともに、彼が喜ぶと思ったので表に出て深々と頭を下げた。彼はかなりの間、司祭たちと歓談し、汝らは祭りを見物したかどうか、それについてどう思うかと訊ね、そのほか種々の質問をした上で彼らと別れた。[*6]

その翌日、信長は司祭らに城に赴くようにと命令し、今一度、すでに彼らが見たことがあるものだけでなく、その後につくられたきわめて豪華な、見物するに価する他の建物を参観せしめた。

それが終り、初めて彼は愛情のこもった別れの挨拶を伝え、巡察師を出発せしめた。

（以下略）

＊1　ここで言う巡察師“Padre Visitador”は、東インドから日本にかけての布教区域を視察するため、ローマのイエズス会総長から相当な権限を授けられて派遣されて来たアレシャンドロ・ヴァリニャーノをさしている。彼は三度来日したが、その略伝、ことに本稿で記されている第一次の日本巡察行については、松田毅一他訳、ヴァリニャーノ著『日本巡察記』（平凡社、昭和四十八年、三八一ページ）に詳しい。

＊2　ヴァリニャーノは一五八一年三月二十七日（天正九年二月二十三日）に、上京中の

信長に謁見を申し入れたが、この日、信長は、巡察師の一行中の黒人が都で評判が高いことを聞き、本能寺に呼び寄せて見物した。『信公』巻十四に、「二月廿三日、きりしたん国より黒坊主参り候。年の齢廿六、七と見えたり。惣の身の黒き事、牛の如し、彼の男、健やかに、器量なり。しかも、強力十の人に勝たり」（三一三ページ）とある。ヴァリニャーノが信長に謁したのはその二日後、すなわち洋三月二十九日（邦二月二十五日）のことである。

＊3 洋四月一日（邦二月二十八日）、信長は、上京内裏東北から南へ八町の馬場において前代未聞といわれる豪華な「馬揃え」を行ない、正親町天皇も行幸された。久しぶりに上方に戻ってこの盛儀に接したフロイスは「言語に絶する」と深い感動のうちに目撃報告を認めた（CII. f. 33）。『信公』巻十四に詳しい記事があるが、伴天連が招かれたとは記されていない。

＊4 原文“cadeira de estado”身分の高い者が街路を進む時に使用した担《かつ》ぎ椅子のこと。同様の者が室内で使用する椅子を“trono”と称する。

＊5 『総見記』巻十六の記事と対照することは興味深い。「安土御天主の次第、土台土蔵の高さ十二間余、此上に七重の天主を造らる。誠に是れ前代未聞の経営なり。先ず下一重は、右蔵の上を土蔵に用ひらる。二重は此上に広さ北南へ二十間、東西へ十七間、高さ十七間半これあり、柱数二百四本立つ……、御座敷の内材木ども皆以て黒漆なり。此座敷の次第、西十二畳敷、金の張付墨絵の梅花、狩野永徳に仰付けら

れ、之を画す。……三重目……花鳥の間、……御座の間、……四重目……竹の間……松の間……絵は無くして金泥ばかり引き置きたり、……五重目……六重目……、内外ともに色柱、朱色、内柱は金箔なり、……上の七重目三間四方御座敷の内皆金泥なり、外輪又金泥なり、四方の内柱に……を画せられ、狭間織戸なり、数六十余、皆黒漆なり、内外の柱総じて漆にて布をきせられ、其上堅地にして黒漆に塗りたり、誠に以て善尽し美尽すと云ひつべし。……

凡そ此安土は深山峨々として、麓に歴々甍をならべ、金銀を鏤め家宅を造り、結構なる次第言ふべからず、西より北へは湖水漫々として、舟往来す、湖中に竹生島の勝景あり、長命寺の観音あり、向ひの高山は比良野嶽、比叡の大嵩、如意嵩の霊峯あり、南方の里々田畠渺々として、三上山の風景世に稀なり、東方は観音寺山、麓は往来絡繹として、昼夜人跡絶ゆる事なし、安土山の南は渺々たる入江あり。山家には百千万の人家軒をつらねたり。四方の絶景諸館の風流、古への京鎌倉も是にはすぎじと称嘆せしむ。加え諸侯大夫近習外様より、色々の名物珍奇の類、遠近挙って之れを献ず……斯様の重宝際限なく集め置かれ畢んぬ」（二五三―二五四ページ。『信公』巻九参照）。

＊6　『信公』巻十四に、「十月七日、しろの御鷹、初めて鳥屋を出で、愛智川辺に朝鷹つかはされ、御帰りに、桑実より直ちに新町通り御覧じ、伴天連が所へ御立ち寄り、爰にて御普請の様子仰せつけらる」（三三五ページ）とある。ヴァリニャーノの送

別の意を兼ねて盛大な盂蘭盆会を行なったのは洋八月十四日（邦七月十五日）のことであり、右の記事は、洋十一月三日（邦十月七日）に信長がまたしても予告なしに、安土の修道院へ立ち寄った時のことである。また、洋十一月十六日にあたるが、『信公』巻十四に「十月廿日より、伴天連、北南に二通、新町、鳥打へ、取り続き立てさせられ候はん由候て、御小性衆、御馬廻へ仰せつけられ、足入沼を塡めさせ、町屋鋪築かれ、御普請これあり」（三三六ページ）とある。

第一六章（第二部四〇章）

信長がその富、権力、身分のために陥った大いなる慢心と狂気の沙汰について

信長の素性、ならびに諸事に関しては、すでに他の箇所において記載した。彼は尾張国の半ばの領主に過ぎなかったが、才知と騎兵により同国全域を征したのみならず、やがて隣接した美濃国を占領し、さらに数年後には、全日本の国主たる内裏《ダイリ》に次ぐ人物である公方様《クボウサマ》に都《ミヤコ》の政権を掌握せしめた。彼は戦争においては大胆であり、寛大、かつ才略に長け、生来の叡知によって日本の人心を支配する術を心得ており、後には公方まで都から追放し、日本王国を意味する、天下《テンカ》と称せられる諸国を征服し始めた。そしてその際、順調な成果を収めることができ、名声と評判と地位を拡大し、制圧した諸国の国主ら数名を殺害し、やがて日本の四十を越える諸国を征服して自らの支配下に置くに至った。

信長は莫大な数量の宝を集め、日本のすべての重立った財産と貴重品を入手し、さら

にその権力を誇示すべく該地方において特筆に価する多くのことを行なった。

彼は近江国の安土山《アズチヤマ》に、実に見事で不思議なほど清潔な城と宮殿を造営した。彼がもっとも誇っていたことの一つは、その邸の美麗さと財産、ならびに七層を数える城塞であった。彼は同城の麓に市街を設けたが、それはますます発展し、すでに一里、もしくはそれ以上の長さに達している。彼は、征服した諸国を安全に保つために、それら諸国の主な領主たちに、妻子ともども同所に居を定め、広大で豪華な邸宅を建てるように命じた。

彼は都から安土まで道路を作ったが、それは十四里ほどあり、庭地のように平坦であって、道路にあたる岩山や険しい山地を切り開いたのである。この道路の両側には樹木が植えられており、地面を清掃するための箒が懸けられていた。またすべての通行人が足を濡らさずに通れるように、巨大で、かつ高度の技術を必要とする橋梁が渡された。このような道路は、征服された諸国に、都合がつくかぎり建設された。そして日本は極度に戦争に明け暮れていたが、彼は生来、大いに武技に秀で、その賢明さと才知によって、万事において平和と安静を回復するよう努めた。彼が統治し始めるまでは、道路には強権が発動され、また強制的に課税されていたが、彼はすべてを解放し、なんら税金を支払わなくてよいようにしたので、庶民の心をいっそう把握することになった。彼は内裏の邸宅を再建し、多額の収入を奉り、富裕な都に、皇子《オウ》のため他の新しい富裕で高価な邸宅を建設した。

　彼にはかつて当王国を支配した者にはほとんど見られなかった特別な一事があった。それは日本の偶像である神《カミ》と仏《ホトケ》に対する祭式と信心をいっさい無視したことである。かくてデウスは、それらの寺院と偶像を破壊するために、彼を仏僧《ボンソ》たちに対する鞭として用い給うた。彼には、天下《テンカ》の著名な礼拝所である壮大な寺院、大学、邸を破壊し蹂躙し、仏僧と戦い、彼らを殺戮し、破滅せしめる風格、ないし影響力が備わっていたものと思われる。偶像の祭司たちの収入ははなはだ多かったが、彼はそれらを兵士と貴人[*1]たちに分ち与えた。彼は日本の諸国王、ならびに諸侯、諸将らすべての人を軽蔑したが、我らに対しては情愛を示した。また、異国人であるため、我らを憐れむべき人であるかのように取り扱い、そして我々に向かって語って言った。「時に御身らに対する反対者の陰謀が大きく、予の許で頻繁に偽証する者があるが、予は伴天連たちの行状を承知しており、その教えが善良で真実であることをわきまえているので、予が生存中は何ぴとの嫌がらせも妨害も御身らは受けはしないであろうし、自領内でデウスの教えを説き、教会を建築することを保証する」と。彼は時には説教を聴くこともあり、その内容は彼の心に迫るものがあって、内心、その真実性を疑わなかったが、彼を支配していた傲慢さと尊大さは非常なもので、そのため、この不幸にして哀れな人物は、途方もない狂気と盲目に陥り、自らに優る宇宙の主なる造物主は存在しないと述べ、彼の家臣らが明言していたように、彼自身が地上で礼拝されることを望み、彼、すなわち信長以外に礼拝に価する者は誰もいないと言うに至った。というのは、彼には超人的な何ものかがあり、また人々はそのように喧伝し、彼がその業においてますます繁栄して行くのを見ていたからである。

かくて信長は戦争においてますます順調に成果を収めていたので、彼がいまだ武力を行使したことがない坂東《バンドウ》地方の遠隔の多くの諸国までが、彼の名声と富裕さと権勢を耳にしただけで使者を派遣し、彼の支配下に入ることを申し出たほどであった。彼は、それらすべてが造物主の力強き御手から授けられた偉大な恩恵と賜物であると認めて謙虚になるどころか、いよいよ傲慢となり、自力を過信し、その乱行と尊大さのゆえに破滅するという極限に達したのである。

かくて彼はもはや、自らを日本の絶対君主と称し、諸国でそのように処遇されることだけに満足せず、全身に燃え上がったこの悪魔的傲慢さから、突如としてナブコドノゾール*2の無謀さと不遜に出ることを決め、自らが単に地上の死すべき人間としてでなく、あたかも神的生命を有し、不滅の主であるかのように万人から礼拝されることを希望した。そしてこの冒瀆的な欲望を実現すべく、自邸に近く城から離れた円い山の上に一寺を建立することを命じ、そこに毒々しい野望的意志を書いて掲げたが、それを日本語から我らの言語に翻訳すれば次のとおりである。

「偉大なる当日本の諸国のはるか彼方から眺めただけで、見る者に喜悦と満足を与えるこの安土の城に、全日本の君主たる信長は、摠見寺《ソウケンジ》[*3]と称する当寺院を建立した。当寺を拝し、これに大いなる信心と尊敬を寄せる者に授けられる功徳と利益は以下のようである。

第一に、富者にして当所に礼拝に来るならば、いよいよその富を増し、貧しき者、身分低き者、賤しき者が当所に礼拝に来るならば、当寺院に詣でた功徳によって、同じく富裕の身となるであろう。しこうして子孫を増すための子女なり相続者を有せぬ者は、ただちに子孫と長寿に恵まれ、大いなる平和と繁栄を得るであろう。

第二に、八十歳まで長生きし、疾病はたちまち癒え、その希望はかなえられ、健康と平安を得るであろう。

第三に、予が誕生日を聖日とし、当寺へ参詣することを命ずる。

第四に、以上のすべてを信ずる者には、確実に疑いなく、約束されたことがかならず実現するであろう。しこうしてこれらのことを信ぜぬ邪悪の徒は、現世においても来世においても滅亡するに至るであろう。ゆえに万人は、大いなる崇拝と尊敬をつねにこれに捧げることが必要である」

信長はその生涯を通じて明らかなように、つねに神《カミ》と仏《ホトケ》の礼拝を意としなかったのみならず、それらを嘲弄したり、焼却することを命ずるほどであったが、今回は悪魔の勧誘と本能に操られ、日本においてもっとも崇敬され、またもっとも多数の参詣者を集めている偶像を諸国から持ち来るようにと命じた。彼がその目的とするところは、それらを網として用い、自らへの信心をいっそうよく捉えるためであった。

神々の社には、通常、日本では神体《シンタイ》と称する石がある。それは神像の心と実体を意味するが、安土にはそれがなく、信長は、予自らが神体である、と言っていた。しかし矛盾しないように、すなわち彼への礼拝が他の偶像へのそれに劣ることがないように、ある人物が、それにふさわしい盆山《ボンサン》と称せられる一個の石を持参した際、彼は寺院の一番高所、すべての仏《ホトケ》の上に、一種の安置所、ないし窓のない仏龕を作り、そこにその石を収納するように命じた。さらに彼は領内の諸国に触れを出し、それら諸国のすべての町村、集落のあらゆる身分の男女、貴人、武士、庶民、賤民が、その年の第五月の彼が生まれた日[*4]に、同寺とそこに安置されている神体を礼拝しに来るように命じた。諸国、遠方から同所に集合した人々は甚大で、とうてい信じられぬばかりであった。

しかるに信長は、創造主にして世の贖い主であられるデウスにのみ捧げられるべき祭祀と礼拝を横領するほどの途方もなく狂気じみた言行と暴挙に及んだので、我らの主なるデウスは、彼があの群衆と衆人の参拝を見て味わっていた歓喜が十九日以上継続することを許し給うことがなかった。

彼の息子で城介殿《ジョウノスケドノ》と称する嗣子は、その領地で司祭たちを援助し、教会を建てるために地所を提供したり、彼の市《まち》、岐阜に、大いなる十字架を建てるために広場を供与するなど、従来、我らに対して深い関心と愛情を示して来たが、時勢に順応し、父を喜ばせるためか、あるいは同じく（悪魔に）欺かれてしまったためか、父とともに甲斐国の（武田）信玄《シンゲン》を討伐して帰還した際、かの地で大いに尊崇されていた一つの偶像を持ち帰り、尾張国に安置して礼拝することを命じた。そして都に着くと、同所から三里のところにある愛宕《アタゴ》と称せられる山にある悪魔に二千五百クルザードを献納した。なおその悪魔への深い信心から、それに捧げる一種の犠牲の行として、自らの邸で裸となって全身に雪をかぶる苦行をした。だが〔後述するように〕その後三日以内に悪魔に対するその奉仕の報いを受けるに至った。

信長が、安土から八日ないし九日の道のりにある甲斐国に、息子を先に派遣し、自身はついで六万の兵を率いて出発するに先立ち、万人に無限の寛容さと慈悲を示し給うデウスの常として、同所では若干の驚くべき徴候と恐るべき不思議なことが生じた。それはこれらの徴候による恐怖から、この哀れな人物が、なお己れに立ち帰り、なんらかの仕方で、デウスを天地の絶対主として認めることができるようにするためであったが、彼が陥っている闇はあまりにも根深く、これほどの光も彼にいくぶんなりとも悟りの目を開かせるに足りなかったのである。*5

この一五八二年の三月八日の夜の十時に、東方から空が非常に明るくなり、信長の最高の塔の上方では恐ろしいばかり赤く染まり、朝方までそれが続いた。この明るさも赤さもはなはだ低そうに見えたので、同所から二十里離れたところでは見られなかったであろうが、後になり、豊後国でも同様の徴候が見受けられたことが判明した。

我らは、信長がこの恐るべき徴候をなんら意に介さずに出陣するのに接して驚愕したが、かの地でその軍勢は順調な成果を上げるを得た。すなわち、彼は甲斐国の領主（武田）父子を討伐し、その三ないし四のすこぶる大いなる領地を奪取した。信長が滅ぼした相手は、彼がもっとも煩わされ、つねに恐れていた敵の一人であったので、彼はこの勝利のため、いっそう増長し、恐るべき傲慢さにとりつかれた。

五月十四日、月曜日の夜の九時に一つの彗星が空に現われたが、はなはだ長い尾を引き、数日にわたって運行したので、人々に深刻な恐怖心を惹起せしめた。その数日後の正午に、我らの修道院《カーザ》の七、八名の者は、彗星とも花火とも思えるような物体が、空から安土に落下するのを見、この新しい出来事に驚愕した。

ところでこれらの徴候を熟慮する者ならば、それらが驚嘆すべきもので、別の出来事の前兆として恐れずにはおれぬはずであった。だが日本人の間では、こうした吉凶占いはあまり行なわれておらず、それらが本来何を意味するか気づきも考えもしないようであった。

信長は、いとも容易にかの領地を支配下に置いて帰還すると、〔既述のように〕彼は安土の新しい都市を拡張し、壮大ならしめること以外余念がなかった。日々、多数の新しい邸宅と長い街路を建設させたが、もっとも立派で大いなる邸を建てた者ほど、多くの手柄をたてたことになった。羽柴筑前殿が建て始めた邸宅のごときは、礎石の費用だけでも七千ないし八千クルザードが集められたということである。

　過ぐる戦いがあまりにも順調に捗ったのを見、信長はかねて数年にわたって交戦中の毛利との戦争にも早く決着をつけ、その領土を征服しようと望み、身分も低く血統も賤しいが、悪賢く、戦争に熟達した羽柴筑前なる人物を、かの地に派遣していた。彼はすでに毛利の数カ国を占拠していたが、窮地に立たされることを見た毛利は、最後の一兵まで繰り出して全力を尽して抗戦する気構えであった。そしてそのために彼は領民たちを召集した。そこで羽柴は二万あまりの兵力しか有していなかったので、信長に書を送って援助を乞い、とりわけ信長自身が出陣することなく、別に二万ないし三万の兵があれば、十三カ国のすべてを占領し、毛利の首級を献じ得よう、と述べた。信長は、事実行なわれたように、都に赴くことを決め、同所から堺に前進し、毛利を平定し、日本六十六カ国の絶対君主となった暁には、一大艦隊を編成してシナを武力で征服し、諸国を自らの子息たちに分ち与える考えであった。そして後嗣の長男には、すでに美濃と尾張両国を与えていたが、今回新たに占領した甲斐国《カイノクニ》の国主の四カ国を加え、御本所《ゴホンジョ》と称する次男には、伊勢《イセイ》と伊賀両国を与え、都に向かって出発するに先立ち、三七殿《サンシチドノ》と称する三男を四国《シコク》の四ヵ国を平定するために派遣した。父は彼に一万四千ないし一万五千クルザードを黄金で与え、世継ぎである彼の兄と他の武将たちも、彼が一同から愛されており、またそうすることが父を喜ばせることを承知していたので、黄金および高価な品物を贈呈した。彼は一万四、五千の兵士を率いていたが、このはなはだ華美で規律正しい軍勢を伴って都を通過する際、かねがね我らと親近の間柄でもあり、キリシタンになりたいという希望を示したほどであったので、オルガンティーノ師は別離の挨拶を述べるためにその邸宅に出向いたところ、彼はその際、次のように語った。

「予は父の命令により、四国のかの諸国を平定するために阿波に赴く。それらを平定した暁には、同地方において、尊師らの教えが弘布することを期待している。そのため、尊師らが、他から援助を受けなくても済むように収入を与えるであろう。尊師らがつねに予を信頼し、そのような機会を期待していたことを予は熟知している。予は尊師らの希望をかならず果すであろうから安堵されたい」と。彼はこれらの言葉を残して別れを告げた。

三七殿が出発した後、信長の長男が都に到着し、彼とともに父の義弟である三河の国主（徳川）家康、ならびに新たに征服された諸国の重立った武将の一人である天野（康景）殿が来た。我らは都の教会にいたが、三河の国主が我らの修道院に宿泊することを望むのではないかと大いに憂慮していた。なぜなら市《まち》ではその噂があったからである。

だが後述するように、それは我らを危険に陥れるものゆえ、我らの主は望まれなかった。そして彼とその家臣たちは、かねて上京する際に宿泊していた我らの修道院の近傍のいくつかの家々に投宿した。そして二、三日後には、信長の到着を待たず、堺と奈良の市《まち》を見物するために出発したが、その後数日を経て生じた事件を想い合わせる時、それは偉大なデウスの御摂理によることであった。

入京した信長は、家臣の羽柴が毛利との戦争を終結に導くために、援軍の派遣をあまりにも急ぐので、時を移さず、軍勢を引率した多数の武将を差し遣わした。（高山）ジュスト右近殿もその中の一人に加わっており、ただちに出発したが、さもなければ、彼も網の中に残ることになったろう。

当時、信長と長男である息子は都にいて、両人は別々に三、四街距たってわずかの人とともにいた。だが同所には、その後、二、三日後に予定されていたらしい信長の堺行きに同行すべく待機していた数名の有力な武将たちもいないわけではなかった。その頃、オルガンティーノ師は、他の司祭および四名の修道士と、すべて神学校《セミナリオ》[*6]の生徒である子供らといっしょに安土におり、都には、フランシスコ・カリオン師が二名の修道士とともに、そして他の者は高槻と美濃にいた。[*7]

＊1　“nobre”とあるが“pobre”（貧民）の誤写である可能性がある。

＊2　バビロニア王、紀元前十二世紀。
＊3　「摠」に「惣」また「総」の字を当てている場合があるが、現存する楼門の懸額に「摠見寺」「遠景山下漫々摠見寺」とあるように、「摠」が正しい。
＊4　フロイスは、その書簡でも「日本史」でも信長の誕生日を邦五月とし、その十九日後に本能寺で焼死したと述べているから、その誕生日は邦五月十二日（洋六月二日）となるが、日本側の文献からは確認できない。
＊5　天正十年二月十四日。
＊6　正しくは「カリオン」"Carrion" cf. Josephus Franciscus Schütte S. J.; Introductio ad Historiam Societatis Jesu in Japonia. 1549～1650. Romae. 1968. p. 328.
＊7　当時、都の教会には、司祭としてカリオン、修道士としてロレンソ・ベルトラメウ・レドンドがおり、河内三ケに司祭ジュゼッペ・フォルラネッティ、修道士コスメ、安土にオルガンティーノ、フランチェスコ・ステファノニーらがいた（ARSI. Jap. Sin. 9I. f. 98）。

V　本能寺の変・山崎合戦

第一七章（第二部四一章）

明智が謀叛により、信長、ならびに後継者の息子を殺害し、天下に叛起した次第

信長の宮廷に惟任日向守殿《コレトウヒュウガノカミドノ》、別名十兵衛明智殿《ジュウビョウアケチドノ》[*1]と称する人物がいた。彼はもとより高貴の出ではなく、信長の治世の初期には、公方様の邸の一貴人兵部太輔《ヒョウブノタユウ》[*2]と称する人に奉仕していたのであるが、その才略、深慮、狡猾さにより、信長の寵愛を受けることとなり、主君とその恩恵を利することをわきまえていた。殿内にあって彼は余所者《よそもの》であり、外来の身であったので、ほとんどすべての者から快く思われていなかったが、自ら

が受けている寵愛を保持し増大するための不思議な器用さを身に備えていた。彼は裏切りや密会を好み、刑を科するに残酷で、独裁的でもあったが、己れを偽装するのに抜け目がなく、戦争においては謀略を得意とし、忍耐力に富み、計略と策謀の達人であった。また、築城のことに造詣が深く、優れた建築手腕の持主で、選り抜かれた戦いに熟練の士を使いこなしていた。彼は誰にも増して、絶えず信長に贈与することを怠らず、その親愛の情を得るためには、彼を喜ばせることは万事につけて調べているほどであり、彼の嗜好や希望に関しては、いささかもこれに逆らうことがないよう心掛け、彼の働きぶりに同情する信長の前や、一部の者がその奉仕に不熱心であるのを目撃して、自らはそうではないと装う必要がある場合などは涙を流し、それは本心からの涙に見えるほどであった。また、友人たちの間にあっては、彼は人を欺くために七十二の方法を深く体得し、かつ学習したと吹聴していたが、ついには、このような術策と表面だけの繕いにより、あまり謀略（という手段を弄すること）に精通してはいない信長を完全に瞞着し、惑わしてしまい、信長は彼を丹波、丹後二カ国の国主に取り立て、信長がすでに破壊した比叡山《ヒエノヤマ》の大学（延暦寺）の全収入——それは（別の）国の半ば以上の収入に相当した——とともに彼に与えるに至った。そして明智は、都《ミヤコ》から四里ほど離れ、比叡山に近く、近江国の二十五里もあるかの大湖（琵琶湖）のほとりにある坂本と呼ばれる地に邸宅と城塞を築いたが、それは日本人にとって豪壮華麗なもので、信長が安土山に建てたものにつぎ、この明智の城ほど有名なものは天下にないほどであった。ところで信長は奇妙なばかり親しく彼を用いたが、このたびは、その権力と地位をいっそう誇示すべく、三河の国主（徳川家康）と、甲斐国の主将たちのために饗宴を催すことに決め、その盛大な招宴の接待役を彼に下命した。

これらの催し事の準備について、信長はある密室において明智と語っていたが、元来、逆上しやすく、自らの命令に対して反対意見を言われることに堪えられない性質であったので、人々が語るところによれば、彼の好みに合わぬ要件で、明智が言葉を返すと、信長は立ち上がり、怒りをこめ、一度か二度、明智を足蹴にしたということである。だが、それは密かになされたことであり、二人だけの間での出来事だったので、後々まで民衆の噂に残ることはなかったが、あるいはこのことから明智はなんらかの根拠《フンダメント》を作ろうと欲したかも知れぬし、あるいは〔おそらくこの方がより確実だと思われるが〕、その過度の利欲と野心が募りに募り、ついにはそれが天下の主になることを彼に望ませるまでになったのかもしれない。*3 ともかく彼はそれを胸中深く秘めながら、企てた陰謀を果す適当な時機をひたすら窺っていたのである。そして彼は、特に安土で信長から、毛利との戦いにおける羽柴を援助するため、七、八千の兵を率いて、ただちに出動を命ぜられた武将の一人であった。そこで、受理していた饗宴の接伴役を放置して、兵備を整えるためにただちに丹波国へ出発した。そして兵士を率いて都から五里離れた（亀山[*4]）と称する城に向かった。従軍の兵士たちは、毛利との戦いに赴くのに通らねばならぬ道でないことに驚いたが、抜け目のない彼は、その時まで何ぴとにも自らの決心を打ち明けておらず、かような無謀な企てが彼にあることを考える者は一人としていなかった。

聖体の祝日《コルプス・クリスティ》の後[*5]の水曜日の夜[*6]、同城に軍勢が集結していた時、彼はもっとも信頼していた腹心の部下の中から四名の指揮官を呼び、彼らに対し短く事情を説明した。とりわけ彼は自らを蹶起させるやむを得ぬ事情と有力な理由があったので、信長とその長男を過つことなく殺害し、自らが天下の主になる決意であることを言い渡した。そして、そのために最良の時と、この難渋にして困難な仕事に願ってもない好機が到来していることを明らかにした。すなわち、信長は兵力を伴わずに都に滞在しており、かような（謀叛に備えるような）ことには遠く思い及ばぬ状況にあり、兵力を有する主将たちは毛利との戦争に出動し、さらに彼の三男は一万三千、ないし一万四千の兵を率いて四国《シコク》と称する四カ国を征服するために出発している。かかる幸運に際しては、遅延だけが考えられるなんらかの心配の種となりうるであろう。すでに危険を家来たちに託し、この計画を明白に打ち明けたからには、彼らに与えられるべき報酬は、特に彼らから期待される勲功と協力にすべて準じ、対応したものになるであろう、と語った。

一同は呆然自失したようになり、一方、この企画の重大さと危険の切迫を知り、他面、話が終ると、彼に思い留まらせることも、まさにまた、彼に従うのを拒否することももはや不可能であるのを見、感じている焦慮の色をありありと浮べ、返答に先立って、互いに顔を見合わせるばかりであったが、そこは果敢で勇気のある日本人のことなので、すでに彼がこの企てを決行する意志をあれほどまで固めているからには、それに従うほかはなく、全員挙げて彼への忠誠を示し生命を捧げる覚悟である、と答えた。

ところで明智はきわめて注意深く、聡明だったので、もし彼らのうちの誰かが先手をうって信長に密告するようなことがあれば、自分の企ては失敗するばかりか、いかなる場合でも死を免れないことを承知していたので、彼はただちに自らの面前で全員を武装せしめ、騎乗するように命じて真夜中に出発し、暁光が差し込む頃にはすでに都に到着していた。

さらに明智は、自らの諸国と坂本の城塞を固め、よく修理するように命じ、不在中、なんらの騒動も生じないよう城内を絶えず監視するように言いつけた。そして都に入る前に兵士たちに対し、彼はいかに立派な軍勢を率いて毛利との戦争に出陣するかを信長に一目見せたいからとて、全軍に火縄銃《エスピンガルダ》に銃弾を装塡し火縄をセルペ（Serpe）[*7]に置いたまま待機しているようにと命じた。

それはすでに述べたように一五八二年六月二十日、水曜日のことであった。兵士たちはかような動きがいったい何のためであるか訝かり始め、おそらく明智は信長の命に基づいて、その義弟である三河の国主（家康）を殺すつもりであろうと考えた。このようにして、信長が都に来るといつも宿舎としており、すでに同所から仏僧を放逐して相当な邸宅となっていた本能寺と称する法華宗の一大寺院に到達すると、明智は天明前に三千の兵[*8]をもって同寺を完全に包囲してしまった。ところでこの事件は市《まち》の人々の意表をついたことだったので、ほとんどの人には、それはたまたま起ったなんらかの騒動くらいにしか思われず、事実、当初はそのように言い触らされていた。我らの教会は、信長の場所からわずか一町《ルア》を距てただけのところにあったので[*9]、数名のキリシタンはこちらに来て、折から早朝のミサの仕度をしていた司祭（カリオン）に、御殿の前で騒ぎが起っているから、しばらく待つようにと言った。そしてそのような場所であえて争うからには、重大な事件であるかも知れないと報じた。まもなく銃声が響き、火が我らの修道院から望まれた。次の使者が来て、あれは喧嘩ではなく、明智が信長の敵となり叛逆者となって彼を包囲したのだと言った。

明智の軍勢は御殿の門に到着すると、真先に警備に当っていた守衛を殺した。内部では、このような叛逆を疑う気配はなく、御殿には宿泊していた若い武士たちと奉仕する茶坊主《ラパードス》と女たち以外には誰もいなかったので、兵士たちに抵抗する者はいなかった。そしてこの件で特別な任務を帯びた者が、兵士とともに内部に入り、ちょうど手と顔を洗い終え、手拭で身体をふいている信長を見つけたので、ただちにその背中に矢を放ったところ、信長はその矢を引き抜き、鎌のような形をした長槍である長刀《ナギナタ》という武器を手にして出て来た。そしてしばらく戦ったが、腕に銃弾を受けると、自らの部屋に入り、戸を閉じ、そこで切腹したと言われ、また他の者は、彼はただちに御殿に放火し、生きながら焼死したと言った。だが火事が大きかったので、どのようにして彼が死んだかは判っていない。[*10] 我らが知っていることは、その声だけでなく、その名だけで万人を戦慄せしめていた人間が、毛髪といわず骨といわず灰燼に帰さざるものは一つもなくなり、彼のものとしては地上になんら残存しなかったことである。

信長との戦いがいとも迅速に終結し、同所にいた数名の若い身分ある武士も、その際殺されてしまい、生存者が一人としていない一方、御殿はそのいっさいを含めて猛火に包まれた。すでに都ではしだいに事件が明らかとなり、駆けつけた数名の殿は内部に入ることを望んだが、兵士たちが街路を占拠していたので、それがかなわず、嗣子（信忠）の邸宅（複数）に向かって引き返して行った。彼がこの報告に接した時には、まだ寝床の中にいたが、急遽起き上がり、宿舎にしていたその寺院（妙覚寺）は安全でなかったので、駆けつけた武士たちとともに、近くに住んでいた内裏（正親町天皇）の息子（皇子誠仁《さねひと》親王）の邸（二条御所）に避難した。その邸は、天下《テンカ》において、安土についで比べるものがないほど美しく豪華であり、信長が三、四年前に建築し、内裏の世子を住まわせるために彼に与えたものであった。

信長の嗣子は同所に身を寄せたが、事件があまりにも急であったので、彼も彼に従った者も腰の大小の刀以外には何ものも携えておらず、同所は武器など使用することがない内裏の世子の邸であったから、武器などあろうはずがなく、婦女以外には誰もいなかったので、このような来客は、皇子《オウ》にとっては相当な重荷であったに違いない。信長の嗣子とともに都の所司代である村井（貞勝）殿がいたが、その進言に従って、内裏の息子は馬にまたがったまま、外側の街路にいた明智の許へ使者を派遣し、自分はいかになすべきか、切腹すべきかどうかを質《ただ》した。明智は、殿下に対しては何もしようとは思っておらず、ただちに同所から出られるがよいと思う。ただし、信長の息子、城介殿が逃亡することがあってはならぬから、馬や駕籠で出ることがないように、と答えた。内裏の息子はこの報告に接すると、その女たちとともに彼の父の邸に入るため上京《かみぎょう》に向かった。（二条御所の）内部にいたのは、選り抜きの重立った武将たちであったので、実によく奮闘し、一時間以上にわたって戦ったが、外部の敵は多く、よく武装されていた上に、大量の鉄砲を具備していたので、内部からの抵抗は困難をきわめた。その間、嗣子（信忠）は非常に勇敢に戦い、銃弾や矢を受けて多く傷ついた。かくて明智の軍勢はついに内部に侵入し、火を放ったので、多数の者が生きながら焼き殺された。その中に混じり、信長の世継ぎの息子は、他の武士たちとともに不幸な運命のもとに生涯を終えた。そしてわずか二時間の間に、彼は現世の財宝や快楽と富を残したまま、未来永劫に地獄に葬られるに至った。

明智の兵士たちは、その数が多かったので、信長の家臣、武士ならびに嗣子の高貴な殿たちの首を刎ねて、それらを提出すべく、街路や家々の捜索を開始した。そして明智の前には、すでにそれらの首が山積みされ、死骸は街路に遺棄された。

都の住民たちは、皆この事件が終結するのを待ち望んでおり、明智が、家の中に隠れている者を思いのままに殺すことができるので、その残忍な性格に鑑みて、市街を掠奪し、ついで放火を命ずるのではないかと考えていた。我々が教会で抱いていた憂慮もそれに劣らぬほど大きかった。というのは、そのような市《まち》の人々と同様の恐怖に加え、明智は悪魔とその偶像の大いなる友であり、我らに対してはいたって冷淡であるばかりか悪意をさえ抱いており、デウスのことについてなんの愛情も有しないことが判明していたから、今後どのようになるかまったく見当がつかなかったからである。それに司祭たちは、信長の庇護や援助があってこそ今日あるを得たのであるから、彼が放火を命じはしまいか、また教会の道具には（すばらしい品があるという）評判から、兵士たちをして教会を襲撃させる十分な意志がありはしまいかと、司祭たちの憂いは実に大きかった。

だが、明智は、都のすべての街路に布告し、人々に対し、市街を焼くようなことはさせぬから、何も心配することはない。むしろ、自分の業が大成功を収めたので、ともに歓喜してくれるようにと呼びかけた。そしてもしも兵士の中に、市民に対して暴行を加えたり不正を働く者があれば、ただちに殺害するようにと命じたので、以上の恐怖心からようやく元気を回復するを得た。

我らの主なるデウスは、都の教会と、当時、同所に住んでいた我らを憐れみ給い、ほんの数日前に三河の国主（家康）が堺に出発するよう取り計らわれた。彼は信長の義弟であったから、明智はかならず彼を殺すために〔彼もまた、殺戮された者の一人となったであろう〕、彼が宿泊していた邸と接していた我らの教会に放火せねばならなかったであろうし、あるいは我らの修道院は、より堅固であったから、彼はここに逃避して来たかも知れない。いずれにせよ、彼が同所に留まっていたならば、我らは危険から免れ得なかったことであろう。

＊1 自署「明智十兵衛光秀」（『大日』十ノ二、四一四ページ）。『立入宗継川端道喜文書』に「惟任日向守」、『惟任謀反記』に「惟任日向守光秀」とある。

＊2 自署「細川兵部太輔」（『大日』十ノ一、三〇一ページ）。細川藤孝、幽斎、玄旨。

＊3 明智光秀の謀叛の動機については、古来諸説があるなかで、怨恨説が有力であることは周知の事実である。しかしその怨恨説にもまた、諸説があって、明白に立証されたことあるを知らない。ルイス・フロイスは、一五八二年の書簡では、「日本王国の主となり得るかどうか試みようとした」（ARSI. Jap. Sin. 9I. f. 98）と記した。

この点について高柳光寿博士は、「光秀も天下が欲しかったのである」（同氏著『本能寺の変　山崎の戦』春秋社、三六ページ）とされ、桑田忠親博士は、「光秀は絶体絶命の窮地に追いこまれた。そしてついに窮鼠となって猫をかむにいたった」（同氏著『織田信長』角川書店、二四ページ）と評された。ともかくフロイスの前記の「天下取り」説は、日本史の権威者たちにより支持されているが、彼がその著「日本史」を執筆するにあたり、書簡には記されていない怨恨説を掲載したことは注目に価する。フロイスは、一五九〇年以前に、この怨恨説が巷間に流布していることを聞知して記載したのであった。徳川家康の饗応接待役を仰せつかった際に信長から侮辱されたことについては、邦文献も記しているが（桑田忠親、前掲書、一五ページ参照）、フロイスの記述は、また一種異なった情景を描いたものと言えるであろう。

＊4　この箇所は写本では空白になっているが、謄写人モンターニャが解読できなかった日本語であったことは、前後の関係からも明らかである。光秀は洋六月七日（邦五月十七日）、中国へ出陣の準備のため安土から坂本に帰り（『史料綜覧』巻十一、三三八ページ、『信公』三七八ページ）、洋六月十六日（邦五月二十六日）坂本を出発し、丹波の亀山に至った（『信公』三八〇ページ）。フロイスは「丹波」と記しているから、空白の箇所は「亀山」をさすに相違ない。

＊5　ポルトガル語原文の“oitava”は「大祝日の後の八日間」を指す教会の特殊用語。

＊6 六月二十日。CⅡ. f. 64 v. は六月十九日とするも、正しくは洋六月二十一日（邦六月二日）である。

＊7 “Serpe” は昔の火器の部品の名称である。なお、この箇所は、前掲のフロイス書簡ではやや詳細であり（ARSI. Jap. Sin. 9I. f. 98 v.）、火縄銃に点火して引金に挟んだ状態で発射の命令を待たせたことが明らかである。

＊8 CⅡ. f. 65 は「三万」とする。高柳博士によれば「一万三千」（同氏、前掲書、四一ページ）。

＊9 既述のように教会は四条坊門姥柳町、すなわち室町と新町の間の北側の姥柳町にあり、本能寺は西側の西洞院通りと油小路通りの間にあったから、西洋人の表現で「一町《ルア》距っていた」というのは正鵠を得ている。

＊10 以上の信長の最期を描写したカリオンの報告に基づくフロイスの記録はきわめて貴重である。ちなみに『信公』には、「信長、初めには、御弓を取り合い、二つ、三つ遊ばし候へば、何れも時刻到来候て、御弓の絃切れ、其の後、御鎗にて御戦ひなされ、御肘に鎗疵を被り、引き退き、是れまで御そばに女どもつきそひて居り申し候を女はくるしからず、急ぎ罷り出でよと仰せられ、追ひ出させられ、既に御殿に火を懸け、焼け来たり候。御姿を御見せあるまじきと、おぼしめされ候か。殿中奥深く入り給ひ、内より御南戸の口を引き立て、無情に御腹めされ……」（三八三ページ）とある。

第一八章（第二部四二章）

この争乱により、司祭、修道士、および安土の神学校《セミナリオ》が受けた難渋と危険について

明智は、信長とその嗣子、およびかの奇襲で殪《たお》れた他の人々を殺害し終えると、その軍勢を率い、ただちに午前八時か九時に出立し、都《ミヤコ》から四里の地にある彼の城に入るべく坂本の方向へ立ち去った。

既述のように、都から安土までは十四里であるが、同日の十二時にはさっそくこの悲報がかの地に飛んだ。その市《まち》に生じた大いなる動揺をここに説明することはできない。我らは真実に惹起した事柄を正確に知らずにいたし、それに異国人であったので、自分たちはいかにすべきか、なおさら判りはしなかった。いな、その日はまだ、それを正確に知らなかったのである。なぜならば、都から五里のところに、信長がしばらく前に作らせたばかりの、日本随一といわれる瀬田の橋《セタノハシ》と称する美しい橋があり、その下をかの二十五里の湖水（琵琶湖の水）が奔流しており、橋際に監視だけを使命とする指揮官と

兵士がいる砦があったが、指揮官は、信長の訃報に接すると、明智の軍勢があまり迅速に、安土に向かって通過できぬように、異常な注意深さをもってただちに橋梁を切断せしめたからである。そのために、次の土曜日までに通行できなかったが、明智の優秀な技能と配慮により、ただちに修理復旧された。瀬の深さと、同所を流れる水足がきわめて速いことから、それは不可能事と見られていたのである。

ここ三日間、安土で話されていたことは数えきれぬほどであった。明智が来れば、市街全体は城も邸も何一つ残さずに焼却されるだろうと言われていた。この大きい悩みの渦中にあって、司祭たちは、絶えず世間に流布している情報が始終恐怖を募らせるものばかりなので、神学校《セミナリオ》の子供たちや、同所にあった主要な祭具とともに、かの昂奮状態から身を救出する方法について、そこにいた少数のキリシタンたちと協議したが、一同には、安土の神学校と修道院にいた者は、同所から三、四里距たり、かの湖の真中にある一島[*1]に退去するのが良いと思われた。すると、それを実行するために、かの島の一盗賊が一船を持って来て、（彼らをその島へ運ばせてほしいと）頼みにきた。彼は我々に同情しているかのように装い、同島へ逃げる以外には助からないし、助かる方法もないと言い、人々が異国人なので、人道的行為として彼らを助けたがっているように見せかけた。一同は最後の策として、同じ金曜日にそれを敢行することにし、修道院には留守番として修道士のヴィセンテと六、七名の日本人を残したまま、その安土からオルガンティーノ師は二十八名の者とともに乗船した。

安土の市《まち》はこの時、最後の審判の日を示したようであった。なぜなら、人々のある者は一方向に避難し、他の者は別の場所に身を寄せており、婦女の声、子供らの泣き声、男たちの叫びなど、民衆の混乱と狂気の沙汰は慨嘆すべきものがあった。自らの生命を救うのに懸命のあまり、家屋や家財は放置されたままであり、かような事態が生ずるたびに人々は市《まち》を去って行ったので、我らの恐怖と不安は増大する一方であり、昼夜の別なくそれらの日々は大混乱の中にあった。

木曜日の朝方、かの近江国出身の一貴人は、事の経過を知って明智方に走り、彼に従う証《あか》しとして自邸に放火したが、それは非常に美しい邸で城に接して建っていた。我らはそれを神学校から望見していたが、何のためか、なぜそうするのかが判らなかった。そして敵が到着し、殺戮を開始しており、万物を焼き払うだろうと言っているのを聞き、司祭や修道士らは、他のことをかまっている時でもなく、またその方法もなかったので、とにかく、おのおのの生命、ならびに神学校のかの子供たちの生命を救出しようと互いに激励し合っていた。そして同金曜日の朝、大いなる動揺と言語に絶するあわただしさの中に修道院を出始め、盗賊の船に向かって歩いて行った。人々は日本人のように装い、銀の燭台、振り香炉と香盒、聖杯、それに巡察使《ヴィジタドール》の（ヴァリニャーノ）師が同所に残していった一揃いの濃紅色のビロードの衣服を携帯した。街路を通過する際の急ぎ方は、まるですでに敵が彼らを襲撃しているかのようであり、乗船するのに時間がなかったので、互いに相手を待つようなことはせず皆駆けて行った。ジョアン・フランシスコ師[*2]は、長白衣を着たまま後から来ていたが、たちまち追剝どもが彼を襲い〔当時、市中にはこうした輩が横行して、盗みと掠奪のかぎりをつくしていたので〕、銀を所持していると見て探索し、手で身体を調べ始めたが、袖が重いのに気がついたので、同司祭はそれが聖務日禱書であることを示すためにただちにかけ合うと、まだ袖から取り出さないうちに彼らはそれを彼の手から奪い、ほかには何も発見できなかったので、彼を置いて立ち去った。

ディオゴ・ペレイラ修道士は、後方から来ていたが、同僚たちがたどった道を間違え、ある街路の終端に達したところ、他の泥棒や追剝らの掌中に陥った。彼らはただちに修道士を襲い、頭上の鍔の広い帽子と修道服《ロウペータ》の上に着ていた着物を奪い、なおも彼を調べ、盗みを急ぐあまり[*3]、長衣の脱がせ方が判らず、前後からそれを引き裂いた。[*4]このため彼は逃れることができたが、我らの主は彼が帯のところに所持していた少量の石を見つけることを許し給わなかった。

かくて、我らが信用していたかの大泥棒の船のところに到着したが、彼は、その仲間とともに、できうれば一同を皆殺しにして、その家財を奪うことだけを望んでいたのである。我らは、彼の手に身を委ねてしまうと、すぐに欺瞞と裏切り行為を恐れ始めた。

そして立派に死ぬ準備をするために、若干の痛悔の修行を開始した。

泥棒が住んでいるその島に到着すると、海賊らは家財の半ばを取り上げると言い、たちまちその毒性を現わし始め、我らは道理をもって抵抗した。そして彼らとそのような約束はしてはいない、ただ、彼らとの間で協定してあったように、彼らには手数料を支払うだけだ、と言った。泥棒らは、我らが彼に言ったことを聞き入れず、家財の半分を手交するようにと再度強く迫った。人々を同所へ連行した男がこの計略の張本人であったが、彼は奸知に長けており、恐るべき欺瞞者であったので、司祭や修道士たちの前では別人になりすまして、彼らを守護しているかのように親切と愛情を示し、一方、彼の仲間とは密かに取引きをして、彼らに対しいかに処すべきかを教えていた。そしてふつうなら、安土から三、四里の同島までの船賃は一タンガ[*5]か二タンガに過ぎぬのに、我々は彼に七十クルザードあまりを支払った。我らが囚われの身となると、海賊どもは、我らが多くの宝物を隠し持っているものと想像したが、それらを奪うことは困難であり、安心してそれらを入手し、後にその事件の報道者を一人も残さぬためには、全員を殺す以外にはないと彼らには思われた。

ところでオルガンティーノ師は、携帯していた教会のすべての銀を絶対的に失う危険を冒すことを覚悟し、一日間、上記の物を、彼らが他の場所から盗んで畜舎——我らはそこに入れられていた——に置いていた家財の中に隠した。そして翌日、夜になってから、司祭たちが同伴した非常に忠実な日本人にそれらを取り出して山へ運ばせ、事が鎮まった後、ふたたび人をして取りにやらせるよう委託した。それはまったくデウスの御摂理によるものであり、泥棒たちは、我らが金銀を携えていないことを信じ得なかったので、裸にすると言い渡した。彼らがそれらの場所をことごとく探して銀を見つけた場合には、それを白状しなかったことを理由に、一同を殺すことは確実であった。皆が痛悔し、反省して行ないを改めようとの決心は大きく、かの泥棒たちの手にかかって悲惨な死を遂げることがないように主に祈りを捧げた。ついに彼らは人々が所持している家財のすべてを公開するように命じたが、それらはきわめて少なく、銀や装飾品の主なものは山に隠匿してあったので、奪いたがっていたものをそこに見出し得なかった。だが、それで彼らがあきらめたわけでも、我らが安全に思ったわけでもなかった。司祭たちが山に銀を送ったのは、たとえ教会の物品を何一つ回収できなくても、そうすることによって、実際に同所にいる多数の人々の生命の安全を保つためには、泥棒たちがそれを見つけなければよいということのみが最大の願いであった。こうした時、しかも気づかれるかも知れない大いなる危険を冒して、銀と装飾品を山へ運搬した件《くだん》の若者は、身をもって示したその忠実さと愛情のゆえに、我ら一同には、デウスが遣わし給うた天使のように思われた。

人々は同所で窮屈に閉じ込められ、ごく不良の少量の米と水だけを支給され、かの敵から脱出するためには、いかにすればよいか判らず、ただひたすら自らの生命を犠牲としてデウスに奉献した。しかるに最大の危機と苦悩の際にこそ聖なる恩寵をもって臨む大御心を常とし給うデウスは、キリシタンの祈りと、我ら全員が陥るかも知れない孤立に意を用い、我らを同所から奇跡的に救出し、あらゆる欺瞞と謀略に逆らうための恩寵を我らに授け給うた。なぜなら泥棒たちは、人々を安んじて殺害できる秘密の場所へ、その全員を別の船で運送することをすでに決めていたからである。

我らを救出するためにデウスが用い給うた方法は次のようであった。あるキリシタンは明智と昵懇の間柄にある異教徒の甥を持っていたが、彼はこの異教徒の甥に宛て、特に一書をしたため、我らに便宜を計ってくれるように依頼した。その結果、まだ安土にいた日本人の修道士ヴィセンテとともに、彼は大いなる熱意と周到さをもって、人々を連行するための安全な船を同島へ派遣することについて交渉した。我らがその船を見た時の歓喜は言葉につくせぬものがあり、泥棒たちはまだ同所でなすべきことが多くあったが、やむをえず、苦々しく、船で来た人々に対し、すでに引き取っていた家財を手渡した。そして我々の方でも、ついに山に隠匿しておいたいっさいの物を回収した。かくて泥棒らには、企図したことがまんまと失敗したという無念さだけが残された。

オルガンティーノ師は、上記の若者《マンセーボ》と、かのすべての人々を伴い、ただちに同所を出発し、明智の主城、坂本に至った。そしてそこで彼は忍耐の証しと功徳の糧となる別の大いなる危険を乗り越えることになった。ところで、我らは明智の一小姓《パージェン》の家に泊ったが、その時、その小姓は、明智方に味方するように要請したジュスト右近殿宛の明智側の伝言を自ら携えて行くことになっており、オルガンティーノ師に言伝し、ジュスト右近殿を説得するように懇請した。司祭は状況に鑑み、非常に快い返事をし、要請を命ぜられた件に関しては、日本の文字《レトウラ》でしたためたものと、ポルトガルの文字《レトウラ》で書いたものを彼に与え、とりわけ他の日本文字の書状には、その場を繕うために反対のことを書いたが、ポルトガル文字の書状ではたとえ、我ら全員が磔刑に処せられるに接しても、絶対に、この暴君に仕えないように、そうすることは我らの主なるデウスに奉仕することになるからである、と述べた。

同城において、司祭は明智の一人の息子を訪問した。息子は、都まで、途中の道路は占拠されているから、非常に重立った侍者を人々に同行させるために提供しようとしたが、司祭は、書状（通行証）だけで十分であると切に願ったところ、彼はただちにそれを下付するように命じた。書状は大いに役立ち、司祭は二十名を先発させたところ、敵方は彼らを特に捕えようとしたが、その書面を見せると通行が許可された。

一同は、この明智の小姓とともに都の我らの修道院に到着し、司祭たちは彼が計ってくれた便宜に深甚の謝意を表し、オルガンティーノ師は、先に他の者がほしがっていたらしいポルトガルの鍔の広い帽子を彼に贈与した。かくて我らの主なるデウスの恩恵ならびに聖なる援助により、生命は助かり、携えていた教会の銀も装飾品も無事で、司祭や修道士らの満足と歓喜は、一同、死を覚悟していただけに言語に絶するほどであった。明智が、同所から一里のところにおり、しかもキリシタンの武将たち、特にジュスト右近殿が自らの敵であることを知りながら、彼らと争うに至らなかったことも決して小さなデウスの御摂理ではなく、万事において我らの主なるデウスが、諸計略から彼らを救い給うたのであった。

ところで都にいた我らは、信長の長男が当初居住していた美濃国の岐阜に当時いたグレゴリオ・セスペデス師とその伴侶の修道士パウロの消息が判らないので大いに憂慮していた。しかるにまもなく彼の書簡が届けられたが、そこには該地方でのことが述べられていた。すなわち、上記の信長の死亡や謀叛の報道が達した時、彼は岐阜にはおらず、同所から七里の大垣と称するところで、信長の息子の古い侍者であるチュウアンの家にいた。彼は実に賢明の士で、美濃国全土が擾乱した時にも、その市《まち》は彼の統治により平穏であり、さしたる難儀も生じなかった。しかるに信長の訃報に接すると、ただちに一人の殿が岐阜の信長の長男の邸を封鎖し、いずれの側につくか態度を明らかにせぬまま城を占領してしまった。この殿は、きわめて頑固であり、他のあらゆる宗派以上にキリシタン宗門に対してもっとも憎悪している法華宗徒であったが、ただちに我らの修道院ならびに教会を自らの下僕に与えたので——装飾品はすでに余所《よそ》へ運ばれてしまっていた――彼は修道院と教会を、その木材を利用するために取り壊した。

＊1　沖ノ島。書簡には“voquinoxima”と明記されている（ARSI. Jap. Sin. 9I. f. 99 v.）。

＊2　フロイスはポルトガル音に変えているが、イタリア人で、正しくはジョヴァンニ・フランチェスコ・ステファノーニ（cf. J. F. Schütte S. J.; Introductio ad Historiam Societatis Jesu in Japonia. 1968. Romae. p. 1010.）。

＊3　João do Amaral Abranches Pinto, Yoshitomo Okamoto; P. Luis Frois S. J.; Segunda Parte da História de Japam. Tóquio. 1938. Sociedade Luso-Japonesa. 覆刻本の三三五ページでは、“cõ a □ q̃ tinhão de furtar”と一部、空白になっているが、その箇所は“pressa”と読まれるべきである。先に『歴史と人物』二ノ十二号、二九二ページにおいて“pedra”と明記されている、と述べたのは、Sが∫とあるために吾人が誤読した結果であり、ここに「あせって」を「急いで」と訂正する。

＊4　“pedra”とだけあるが、「ベゾアル石」といわれ、当時、南蛮人宣教師たちが平素携帯していた薬用の結石であることは明らかであろう。

＊5　ポルトガル領インドで用いられた貨幣。

第一九章（第二部四三章）

明智の不運と十一日後の死去について

司祭たちが上記の島に向かって出発した直後の土曜日に、明智は安土に到着したが、彼に抵抗を試み得る者はすべて逃亡してしまうか、またはおらなかったので、彼は反抗されなかった。そのため、彼はただちに信長の居城と館を占拠し、最高所（天守閣）に登り、信長が財宝を入れていた蔵と広間を開放すると、大いに気前よく仕事に着手し、まず彼の兵士たちに、ほとんど労することなく入手した金銀を分配した。このようにして、信長が多大の困難と戦争により、長い年月を費やして蓄積した物を、明智は二、三日の間に分配してしまった。武将たちに対してはその身分に応じ、部下には自らの気の向くままにふるまった。この分配につき、信用できる権威ある人々が我々司祭に語ったところによると、武将たちの中には金の棒で七千クルザードを与えられた者も幾人かいたと言われる。なぜなら、すべてこのように正確に、配分がすでに取り決められていたからである。なお他の者には三、四千クルザードを支給し、日本全土の国主である内裏には、後に好意を得ようと、二万クルザード以上を贈呈した。五山《ゴサン》と称せられる五つの重立った寺院があるが、そのおのおのに対しては、信長ならびにその長男の葬儀と供養を営ませるために五千クルザードを贈った。なお、都《ミヤコ》、その他から馳せ参じて来た他の友人、知己には多量の金銀を、それに信長の運命をさらに惨めにするのだが、高価な茶《チャ》の湯《ノユ》の道具をも給した。信長は、安土から都へ上る際、自らの名声と財産を誇示し、三河の国主と甲斐国の武将たちの招宴の席で披露するため、所蔵していた最高の価値があり評価を与えられている、日本中でもっとも著名な四十二の茶の湯の道具を携えて行っていた。だがそれらの多くは正当な名目で入手されたものではなかったので、我らの主なるデウスは、それらの三代目の継承者といわず、最初の所蔵者すら所持することを欲し給わなかった。なぜなら、かの火焔と戦争の最中に彼は死亡し、同所においてすべてが灰燼と化し去ったからである。そして明智は、かの大いなる財産の享受者でないことを予知するかのように、いとも気安く惜しげもなく、幾人もの貴人や貧者にそれらを配布し、さらにただその財産のにおいだけをかぎつけて同所へ急ぎ集まって来た未知の人々にも二百ないし三百クルザードを与えていた。

この分配に従事していた際、突如、敵の軍勢が非常な速さで接近しつつあるから、万事を差しおいて駆けつけるように、との伝言が都から飛脚によって届けられた。そこで明智は城と市《まち》をまったく焼くことなく、若干の守備兵を率いた指揮官を残し、同所に三日以上は留まらず、かねて覚悟していた戦争に向かうべく、ただちに都に隣接した津《ツ》の国《クニ》と河内国へ引き返した。

彼が去った後の安土では、家々の掠奪、強奪、破壊、それに追剝の跳梁以外は何ものも行なわれなかった。しかも同地のみならず、堺の市《まち》から五、六日の距離にある美濃や尾張の諸国までが、街道や間道において、また街路や町内で、殺人と強奪に明け暮れる始末であり、それはいとも大いなる荒廃をもたらすために地獄全体が開放されたかと思われるばかりであった。それにしても、ただ一人の人間のために、これほど多くの諸国が転覆するばかりの騒動を演じ、動揺をきたすということは、たしかに驚くべきことである。

安土の我らの修道院と神学校《セミナリオ》は、すべて新築で、しかもなお建築が続けられていたので、我らをこの大いなる労苦と損失に無関係にしてはおくまいと、ただちに兵士たちによってすべてのものが掠奪され始めた。それは城の傍にあり、信長の眼前に位置していたため、当地方において我らが有する修道院の中でもっとも安全なものと思われ、同所にはもっとも豪華な装飾品と他のすべての修道院の中でもっとも優秀な家具が集められていた。そしてそのように修道会の要求を満し、神学校のかの子供たちを養成する目的にそって、同所は万事立派に設備されていた。既述のように教会のビロードの装飾品、銀、それに若干の書物はすでに搬出されていたが、その他の物は何一つ残すことなく掠奪され盗難に遭い、家具のみならず、鍋、浅鍋、部屋の戸、窓、畳《タタミ》、襖《フォロ》、それに四百クルザード以上も支払って新たに購入し、同所に集められていた材木までも持ち去られたので、残るものといえば、運搬できない柱と屋根だけであった。

当時、信長の三男の三七殿はまだ堺にいて、彼の父が所領として与えたかの四つの国を兵士たちとともに占領に赴く準備を終えていた。彼は謀叛と父および兄の訃報に接するや引き返し、その件に復讐するための準備をただちに開始し、まず従兄弟の七兵衛殿《セチビョウドノ》[*1]を血祭りにあげて身辺を固めようと欲した。七兵衛は、信長の兄の息子であり、信長が父の遺産相続者になろうとしたため、その父は、数年前に殺害されたのであった。この若者は、信長に殺された者の息子であるとともに、明智の一女を娶っていたので、彼が義父と組んでこの謀叛を企てたと思わぬ者はなかった。この若者は、当時、信長の命令によって、丹羽五郎左衛門《ニワノゴロザイモン》[*2]と名乗る他の武将といっしょに、堺から二里半ほどのところにある大坂城を見張っていた。

信長の三男の三七殿の軍勢は、四国の諸国の征服に向かう彼に伴うべく、おのおの異なった地方から集合し編成されていたため、謀叛の報に接するや兵士たちの多くは彼から離れ去って行った。彼はそのため焦躁感を抱き、希望の実現が遅延することを非常に悲しんだが、自らの許に留まった軍勢を率い、信長の息子の親友である他の武将と従兄弟（信澄）がいる大坂に向かった。従兄弟は自分が殺されはしまいかと恐れ、三七殿が入って来ないように内部から盛んに懇請し奔走していたが、種々交渉の末、この武将の好意によって三七殿は大坂に入った。そして二日滞在した後、三七殿は、他の武将の五郎左衛門と協議し、塔《トルレ》*3の最上階から決して出ようとせず、しきりに身辺を警戒していた従兄弟をいかにして殺害するかについて結論を下した。考案した策略は、五郎左衛門が信長の息子を船まで送るというごくふつうの行為を装い、そこで三七殿と五郎左衛門の家臣の間で騒動が起るように仕組み、従兄弟の家臣らは城から出ようとせず、彼に至ってはなおさら、疑っていたことが現実になることを恐れて外に出なかったので、惹起した偽りの騒動で五郎左衛門の家臣が敗北したように見せかけて城内に逃げこんだところを、三七殿の家臣も追跡して入り、一団となって塔の内部の従兄弟がいた場所を襲撃することであった。その策略が実行された後同所で、ある人々は、彼が自らの手で切腹したと言い、他の者たちは、彼の若い身分のある武士たちが彼を殺害したと述べている。*4これにより、三七殿が勇気と信用を獲得すると、ただちに河内国のあらゆる有力者たちは彼を訪れ、主君として認めるに至った。彼は従兄弟の首級を堺の市《まち》の近くに曝すように命じた。事実、この若者は異常なほど残酷で、いずれも彼を暴君と見なし、彼が死ぬことを望んでいたからである。

上述の堺に赴いた二人、すなわち信長の義弟である三河の国主（徳川家康）と穴山（梅雪）殿と称する他の一名は、同日、事件の発生を知り、自らの国に避難するために急遽引き返した。三河の国主は、より多数の家臣と、道中、買収するための黄金を携えていたので苦労したものの、無事に通過し避難した。穴山殿はさらに遅れて出発し、伴侶もわずかであったらしく、それがために、途次襲撃され、相手は所持品をすべて掠奪し、家臣らを殺し、すでに道中多くの深刻な危険を脱して来ていたにもかかわらず、ついには彼をも殺害してしまった。彼は甲斐国の主要な人物で、この叛乱に先立ち、安土では説教が催され始めており、また幾年も前からデウスの掟に関する噂が彼の領地でも伝わっていたので、彼の身にも説教を聴く機会が訪れることを希望していたのであるが、彼の不徳は、その望みをかなえさせるに至らなかった。

明智が信長を殺した頃、津の国の殿たちや重立った武将らは毛利との戦いに出陣していたから、同国の諸城の占領をすぐに命じなかったのは、明智が非常に盲目であったからで、彼の滅亡の発端であった。それらの諸城は、信長の命令によってほとんど壊された状態にあり、しかも兵士がいなかったので、五百名あまりの兵をもって、人質を奪い、彼らを入城せしめることは、彼にとって容易の業であったはずである。しかるに彼がなすことは、すべて好結果から彼を遠ざけ引き離していった。(中略)

毛利の諸国の征服者である羽柴(秀吉)の陣営では、敵方に先立って信長の死を知ると、すでに彼らを大いなる窮地に追いこんではいたが、羽柴は有利な立場で彼らと和を講じた。そしてただちに殿たちは、急遽、自身の居城に帰還し始め、当の羽柴も明智と

一戦を交えに行く準備を完了した。（中略）

ジュスト（右近殿）が高槻に到着すると、キリシタンたちは皆蘇生したようになり、彼らはただちに明智の敵であることを宣言し、大急ぎで城を修築した。この修築を彼は、信長の息子の三七殿と毛利の征服者である羽柴とともに行なったが、彼らはこの復讐についてては団結しており、双方が集め得る最良の軍勢をもって、ともに明智討伐に臨む覚悟でいた。彼らには、当地方の主要なキリシタンを有する河内と津の国の諸国のすべての武将たちが合流したが、三ヶ（頼連）殿だけは、明智が彼に河内国の半領と、兵士たちに分配する黄金を積んだ馬一頭を約束していたので、彼の側に味方した。そして羽柴は、その絶大な権力と毛利の領国を有し、万人に恐れられていたが、表面では、信長の三男の三七殿をきわめて大切にしていたので、民衆は、彼を父の座に置くであろうと思うほどであったが、彼の考えは、そうした見方とはおよそ縁遠いものであった。

明智は都から一里の鳥羽と称する地に布陣し、信長の家臣が城主であった勝竜寺《ショウレンジ》と称する、都から三里離れた非常に重要な一城を占拠していた。彼はその辺りにいて、自分の許に投降して来る者たちを待機するとともに、羽柴の出方を見きわめようとした。彼は用心深く抜け目のない勇敢な司令官であったし、そのなした悪行と残酷さはあまりにもひどく、自らの敗北の原因でもあった若干の絶好の機会を失ったので、すべてのことが彼にとり、裏目裏目に出て来るのをただちに明瞭に看破した。当時、彼は八千ないし一万の兵を有していたであろう。そして津の国の者たちが、予期したように、自分に投降して来ないのを見ると、彼は若干の城を包囲することを決意して、高槻に接近して行った。

同国の三名の重立った武将は、羽柴がもはやさほど遠くないところまで戻って来ているとの希望のもとに出陣し、軍勢を率い、山崎と称せられる非常に大きく堅固な村落まで進んだ。彼らが互いに結んだ協約では、当時までジュスト右近殿の大敵であった（中川）瀬兵衛《セイヒョウエ》（清秀）殿と呼ばれる彼らの中の一人が、軍勢を率い山の手を進撃することになっていた。そして池田（恒興）殿と称する他の一人は、同地方で最大の河川の一つである淀川に沿って進軍し、ジュストは同じ山崎の村の間に留まることになっていた。ジュストは村に入り、明智がすでに間近に来ているのを知ると、まだ三里以上も後方にいた羽柴に対し、急信をもってできうるかぎり速やかに来着するようにと要請した。一方、少数でありながら出撃することを欲し、敵との一戦を待てない味方の兵士を彼は抑制していた。

右近殿は、羽柴の軍勢が遅延するのを見、自ら赴いて現下の危険を報告しようとしたが、まさにその時、明智の軍勢が村の門を叩き始めた。そこで右近殿はこの上待つべきではないと考えた。彼は勇敢で大度の隊長であり、デウスを信頼し、戦闘においては大胆であったので、約一千名余[*5]の彼の兵とともに門を開き、敵を目指して突撃した。[*6]キリシタンたちは同所で全力を尽して実に勇敢に戦い、ただ一人の戦死者を出しただけであるが、彼らは明智の身分ある者どもの首を二百も討ち取った。そのため、明智の軍勢はたちまち動揺をきたし、混乱した。この最初の衝突が終ると、ジュストと間隔を置いて併進して来た二人の殿たちが到着した。そこで明智方は戦意を喪失し、背を向けて退却し始めたが、敵方がもっとも勇気を挫かれたのは、信長の息子と羽柴が同所から一里足らずのところに、二万以上の兵を率いて到着していることを知ったことであった。だがこの軍勢は幾多の旅と長い道のり、それに強制的に急がせられたので疲労困憊していて、予想どおりには到着しなかった。それはデウスの御摂理によるものであったようである。ジュスト右近殿は以前に子供の頃からつねに武勲を立て、勇敢さと善良な人柄により万人からいつも尊敬されていたとはいえ、デウスは特にこの勝利がジュスト右近殿、ならびにその兵士たちの功に帰せられ、時の天下《テンカ》のあらゆる武将の中で、彼が最大の名望を獲得することを望み給うた。

この勝利は光栄ある童貞聖母の訪問の祝日の正午に行なわれた。そしてこの戦は明智の敗北の主因をなしたものであり、後日、三七殿は、ジュストがキリシタンであるゆえ、かくも鮮やかに明智を敗走せしめたのだと語ったほどであった。[*7]そして午後の二時には、多くの明智方の者が合流して都の街路を通過したが、当時、すべてのことが彼らには重々しく、できうるかぎり身軽になって生命を助けようと、途次武器を捨てて行く始末であったから、そしてまたあまりにも急いでいるためもあって、槍や鉄砲を携帯していなかった。我らは窓から眺めていたが、彼らは二時間ぶっ通しで通過したようである。彼らのある者は、都の市《まち》に入りこもうとしたが、市民たちは入口を守るために武装して戸口に立っていたので、彼らは明智の主城である坂本に向かって歩いて行った。しかし、泥棒や集落の農夫たちや他の追剝の一味が行く手に現われ、乗馬や武器、それに衣服を掠奪するために勝手に彼らを殺したので、多くの者は目的地に到着することができなかった。

聞くところによれば、同日の午後、明智は戦場から約二里ほどのところにある勝竜寺城に閉じ籠っており、まもなく明智の全軍が彼のところへ来たが、狡猾な彼は夜は身を潜めていた。なぜなら彼はもはや、自分とともに内部にいる者を信用しようとしなかったからである。とはいえ、外にいた者は大いに警戒に努め、一晩中、発砲し続けていたのが都まで聞こえ、よく敵を見張るために城の周囲で盛んに火をたいた。城中の者が、ジュスト右近殿、その他の武将たちと和を講じようと呼びかけたが、右近殿の部下の戦闘に加わった者も後から来た者も、いずれも疲労しきっていたので、夜中に起きようとする者はなかった。しかし夜が明けると、ただちに城は明け渡された。

明智は夜明けになって坂本城に向かって歩き、そこで再起するつもりであり、ほとんどひとりで進んだが、話によればいくぶん傷ついていた。だが晩までにそちらへ到着できなかったので、付近に身を潜めていた。翌日になると、ただちに、掠奪と斬首の勢いがすさまじく、信長が殺された場所へは、初回分としてだけで一千以上の首級がもたらされた。すなわち、すべての首級を同所に持参するようにという命令が出されていたからで、それらを供えて信長の葬儀を営むとの指令でなされたのである。日盛りとなると、堪えがたい悪臭が立ちこめ、そこから風が吹き寄せる際には、我らの修道院では窓を開けたままではいられぬほどであった。一人の殿は、先般、戦場にはいなかったので、一刻も早く首級をあげ、信長が殺された場所へ持参しようと焦るあまり、村々に来て、その一村で三十三人を見つけると、そのうち三十人の首を刎ね、それらを葬儀に供えたという。その二日後、一部の司祭は信長が殺された場所を通ったが、人々が縄に吊り下げた供養のための三十以上の首を、まるで羊か犬の首を運搬するように、なんの感情も表わさずに持ち歩いているのに出会った。このようにして、それらの数は増して行き、短期間に二千を超えるまでになった。

　哀れな明智は、隠れ歩きながら、農民たちに多くの金の棒を与えるから自分を坂本城に連行するようにと頼んだということである。だが彼らはそれを受納し、刀剣も取り上げてしまいたい欲に駆られ、彼を刺殺し首を刎ねたが、それを三七殿に差し出す勇気がなかったので、別の男がそれを彼に提出した。そして次の木曜日に、信長の名誉のため、明智の身体と首を、彼が信長を殺し、他の首が置かれている場所に運んだ。デウスは、明智が日本中を攪乱するほどの勇気を持ちながら、残酷な叛逆を遂げた後には、十一日か十二日以上生き長らえることを許し給わず、彼はこのようにして実に惨めな最期を遂げた。しかも、かかる際、彼は異教徒の身分ある者が名誉のために行なう切腹をするための時間すらも持ち得ず、貧しく賤しい農夫の手にかかり、不名誉きわまる死に方をしたのである。それのみか、三七殿は、身体に首を合わせた後、裸にして、万人に見せるため、市《まち》はずれの往来が激しい一街道で十字架に懸けるように命じた。

明智の軍勢が津の国において惨敗を喫したことが安土に報ぜられると、彼が同所に置いていた武将は、たちまち落胆し、安土に放火することもなく、急遽坂本城に退却した。しかしデウスは、信長があれほど自慢にしていた建物の思い出を残さぬため、敵が許したその豪華な建物がそのまま建っていることを許し給わず、そのより明らかなお知恵により、付近にいた信長の子、御本所《ゴホンジョ》（信雄）はふつうより知恵が劣っていたので、なんらの理由もなく、彼に邸と城を焼き払うよう命ずることを嘉し給うた。城の上部がすべて炎に包まれると、彼は市《まち》にも放火したので、その大部分は焼失してしまった。[*8]

安土を去った明智の武将は坂本城に立て籠ったが、そこには明智の婦女子や家族、親族がいた。次の火曜日には同所へ羽柴の軍勢が到着したが、すでに多数の者は城から逃亡していた。そこでかの武将および他の武将らは、軍勢が接近し、ジュスト右近殿が最初に入城した者の先発者[*9]であるのを見ると、「高山《タカイヤマ》、ここへ参れ。貴公を金持にして進ぜよう」と呼びかけ、多量の黄金を窓から海（湖）に投げ始めた。そしてそれを終えると、貴公らの手に落ちると考えることなかれと言いつつ、最高の塔に立て籠り、内部に入ったまま、彼らのすべての婦女子を殺害した後、塔に放火し、自分らは切腹した。その時、明智の二子が死んだが、非常に上品な子供たちで、ヨーロッパの王子を思わせるほどであったと言われ、長男は十三歳であった。

かの八日ないし十日の間に、津の国から美濃国にかけて執行された貴人ならびに他の人々の死については述べ得ないほど（多数）である。ある者は敵であるとの理由で殺され、ある者は家財を取るために、他の者は収入を奪うために殺された。そしてその数は実に厖大で、我らの一司祭は、淀川に沿って来る時に、五百の死体が川下に流れて行くのを目撃したほどである。坂本のこの城を占領するためにはなんらの妨害もなかったので、軍勢はただちに安土に向かい、同所から美濃と尾張の国に進み、明智に加担した者は一人残らず生命を奪われた。諸説が一致しているところでは、かのわずかの日々に、すでに一万人以上の者が殺されたらしい。（中略）

現世のみならず、天においても自らを支配する者はいないと考えていた信長も、ついには以上のように無惨で哀れな末路を遂げたのであるが、彼がきわめて稀に見る優秀な人物であり、非凡の著名な司令官《カピタン》として、大いなる賢明さをもって天下《テンカ》を統治した者であったことは否定し得ない。そして傲慢さと過信において彼に劣らぬ者になることを欲した明智も、自らの素質を忘れたために、不遇で悲しむべき運命をたどることになった。たとえ人々の目には、リバノ山[*10]の杉の木のように高々と聳えるかに見えたとしても、ごくわずかの時が経過した後には、その権力を示すものとてはなんら残存せず、瞬時にして彼らは地獄に落されたのである。日本においては、人の世のはかなさと、その流れの速さを思わすものはあまりにも多く、人々はそれらに対して、不思議な驚嘆と恐怖を覚えるほどであるが、移ろい転《まろ》ぶもろもろの営みに浸るほどに、想いを変えて行き、死に関するこれらあらゆる思考を、時を経ずにすべて忘れ去ってしまうのである。

＊1　織田七兵衛、信澄。津田七兵衛信澄とも称した。信長の弟信行の息。

＊2　自署に「丹羽五郎左衛門尉長秀」とある（『大日』十一ノ二、一四五ページ）。『御湯殿上の日記』巻六、四九八ページには「にはの五郎左衛門」。

＊3　ちなみにフロイスが「塔」“torre”と称して、「城」“castello”と記さなかったことは興味深い。なぜなら日本人でイエズス会員となった「城ジェロニモ」は「ジェロニモ・デ・トルレス」（H・チースリク著『キリシタン人物の研究――邦人司祭の巻』吉川弘文館、一二一ページ）と称されたからである。城が“castello”でなく、“torre”となっているのは、あるいは本丸、一の丸、二の丸などがあったためかも知れないし、“Torres”は、南蛮人の人名にきわめて多かったからでもあろう。

＊4　高柳光寿博士によれば、織田信澄は大坂城二の丸千貫櫓で斬殺された（同氏、前掲書、八四ページ）。

＊5　『甫庵太閤記』『新撰豊臣実録』では二千。

＊6　山崎の合戦において高山右近が先駆けし、かつ顕著な武勲をたてたことについては、フロイスの記事は『甫庵太閤記』『新撰豊臣実録』『池田氏家譜集成』などによって立証されるが、『豊後岡、中川家譜』『烈公間話』は中川清秀が先陣の功を挙げたとしている。しかし前者を認めるべきであろう。

＊7　『中川家譜』にこれと関連する記述がある。曰く、「清秀諸将と逃るを追て、勝竜寺に会合せし時、神戸三七信孝来り、清秀、高山長房（右近）、池田勝入へ、今日の働苦労なりと申さる」（『大日』十一ノ一、四五一ページ）。

＊8　安土城が焼滅した後、一五八三（天正十一）年に清洲より織田信雄がこの地に移り、ただちに城下に掟を出し、先に乱によって生じた預物質物などに関してのみは、別に奉行の裁決をもって処理すべきことを明らかにした。その翌年、信雄は小牧・長久手の戦いに敗れ、一五八五（天正十三）年、秀次は八幡山に封ぜられるや、安土城下町の住民を八幡町に移すに至り、安土は名実ともに消滅の一路を辿った。ただ、城址の二の丸には一五八三年より、信長の遺骨、太刀、烏帽子、直垂などを埋めた廟所が営まれ、邦六月二日の一周忌に法要が営まれ、爾後、災厄を免れた摠見寺によってわずかにその祀が保たれたのである。現存する摠見寺の結構は往時を偲ぶべ

くもないが、三河長興寺所蔵の国宝元秀筆の信長肖像とともに、一世の傑物信長を追想せしむるに足りる、一周忌に際して与語久三郎正勝の寄進になる信長画像、その朱印状、城の銅鏡、巴瓦、信長の衣装などを保存している。

＊9 高山右近がこの時、坂本城を攻めたという邦文献に接しない。『中川家譜』によれば、右近は亀山城を攻撃したとある。すなわち、「十四日、惟任日向守光秀が居城丹波亀山を清秀並に高山右近長房両旗を以て攻むべしとて出陣」(『大日』十一ノ一、五八九ページ)とあり、しかも右近先手にて、中川二陣をもって攻入り落城した(同右)としている。高山、中川両氏は先陣の功を競っていた間柄で、しかも『中川家譜』がかく記しているところから、右の記述は信憑性が高く、フロイスは亀山城を坂本城のことと誤解したものと思われる。

＊10 旧約聖書、エレミヤ記第十八章十四節他。三二一二メートル。

文庫版解説

和田裕弘

はじめに

日本史上でもっとも人気のある人物の一人が織田信長だが、信長を研究するにあたって、三種の神器ともいうべき文献がある。

一つは、信長の家臣だった太田牛一が著した『信長公記』（信長の一代記）である。二つめは、信長の発給した書状などを集成した奥野高廣『増訂織田信長文書の研究』（全三冊、吉川弘文館）、三つめは、信長の家臣を網羅した谷口克広『織田信長家臣人名辞典』（吉川弘文館）である。ただ、「史料」そのものの価値という意味では、宣教師ルイス・フロイスが編纂した『フロイス日本史』（以下『日本史』）を加えてもいいかもしれない。

同書には「西洋の知識人による十六世紀の日本と日本人に関する赤裸々な証言」がちりばめられている。信長のことはもちろん、その家臣や、のちの天下人豊臣秀吉などの著名な人物のことが詳細に語られており、戦国時代を知る格好の史料である。信長に関してもかなりの分量が割かれており、国内の文献からは窺い知れない情報が満載されている。

良質な史料という観点からみると、信長に対面したことのある公家の日記や僧侶の記録などが残っているが、いかんせん、断片的である。その点、『日本史』は、信長に関して質・量ともに他を圧倒する記事が盛り込まれている。

この『日本史』は、松田毅一・川崎桃太による完訳が昭和五十二年から刊行され、同五十五年には全十二巻が完結している。その後、普及版、さらには文庫版も刊行されている。毎日出版文化賞特別賞や菊池寛賞を受賞している名著である。史料的価値が高いのは衆目の一致するところだが、なにぶん全十二巻という大作である。全巻を読破すれば、「織田信長、豊臣秀吉をはじめとする為政者から、名もなき庶民に至るまで、広く各階層の人々」の動向が分かるが、やはりその分量に圧倒されてしまう。その点、信長に興味を持つ人にとって本書は絶好の手引書となるであろう。

本書は完訳に先立ち、信長に関する記事を抜粋し、訳したものであり、しかもこの道の第一人者が手掛けているのだから、申し分のない読み物になっている。加えて、詳細な訳注や解説もついている。なんと贅沢なことだろう。

信長をイメージする時、多くの人は、傍若無人な振る舞いなど強烈なインパクトをもって思い浮かべると思うが、その土台となっているのは、『信長公記』と、この『日本史』における信長の記述である。しかも、『日本史』には、『信長公記』にも記されていない、性格をはじめ、生身の信長が綴られており、興味は尽きない。

本書の内容

著者フロイスのことや『日本史』については編訳者の解説に詳しいので省略するが、「I　回想の信長」「II　信長とフロイス」「III　信長とオルガンティーノ」「IV　安土山にて」「V　本能寺の変・山崎合戦」の五部構成として編述している。中公文庫『完訳フロイス日本史』では割愛された訳注も収録。訳注だけで三十頁近くも割いている。また、今回の文庫化に際し、新規に人名索引が付されていることもありがたい。

「I　回想の信長」では、信長の素性や性格、権勢などについて触れている。貴重な記録であることは言うまでもないが、とくに「性格」という側面については邦文献では直接的に言及しているものは少ない。身体的特徴についても同様である。

「彼は中くらいの背丈で、華奢な体軀であり、髯は少なくはなはだ声は快調で、極度に戦《いくさ》を好み、軍事的修練にいそしみ、名誉心に富み、正義において厳格であった」

この端的な記述にフロイスの文才がいかんなく発揮されている。興味深いのは、「中くらいの背丈」とある箇所だが、じつは初対面後に認めたフロイスの一五六九年六月一日（永禄十二年五月十七日）付の書簡では「背は高く痩せており、鬚は少ない」と表記しており、身長の印象が変化している。フロイスは信長に十八回以上対面していたと推測されており、初めて信長を見た時には、（日本人として）身長は高いと思ったが、何度も対面するうちに平均的な身長と認識するようになり、『日本史』執筆時に修正したのだろう。後年の編纂による利点でもある。

また、信長の趣味にも触れており、茶器、良馬、刀剣、鷹狩、相撲観戦など、国内の文献とも合致し、史料的価値の高さを証明している。

「II　信長とフロイス」では、文字通り信長との交流を描く。いかに信長から厚遇されていたか、ということが理解できる。ただ、額面通り受け取るのは危険である。時の為政者から敬意を払われていることを本国にアピールする狙いがあれば当然のことである。

信長との初対面も詳しく書き留めている。永禄十二年（一五六九）二月頃から信長は将軍足利義昭のために二条御所の建設を始めていたが、その工事現場でフロイスらを謁見した。フロイスは信長から質問攻めに遭い、二時間にもわたって会話があった。

その後、フロイスは布教への協力を得るため美濃国に下向、その時のことも詳しく記している。岐阜城下の様子や岐阜城内部のことにも触れているが、邦文献ではほとんど不明であり、貴重な記録となっている。

信長に対する家臣の接し方については「彼が手でちょっと合図をするだけでも、彼らはきわめて兇暴な獅子の前から逃れるように、重なり合うようにしてただちに消え去りました」とある。誇張も含まれていると思うが、信長の専制君主ぶりが伝わってくる。「Ⅲ　信長とオルガンティーノ」では、安土城下での布教にも触れているが、天正六年（一五七八）十月の荒木村重の謀叛の顚末に筆が割かれている。

摂津国の支配を任せていた村重が叛旗を翻し、麾下の高山右近なども村重に与同し、信長は苦境に立たされた。信長は、キリシタンとなっていた右近の誘降を宣教師に命じた。失敗すれば過酷な迫害が予想されたが、説得が功を奏し、右近を信長陣営に寝返らせることに成功。「手柄」を誇張した可能性もあり、割り引いて読む必要があるが、邦文献にはない詳しい経緯が記されている。

言わずもがなだが、右近に限らず、キリスト教に理解のある人物には過大な評価をし、逆の場合は、かなり歪曲した評価がなされていることに留意する必要がある。読みごたえのある部分ともいえる。フロイスとの知恵比べといったところだろうか。

「Ⅳ　安土山にて」では、天正七年五月の安土宗論にも触れており、宣教師の宗教観の一端を知ることができる。また、全国を巡礼していた「無辺」という怪しげな僧が、信長から処断された経緯を記しているが、これは安土宗論とともに『信長公記』にも記載されており、当時話題になっていたことが分かる。両書を読み比べるのも面白い。天正九年の馬揃えや、安土城についても詳しい。さらには安土城を描いた屏風のことや、安土城のライトアップの光景も読みごたえがある。

「V　本能寺の変・山崎合戦」では、謀叛人である明智光秀のことにも触れており、とくに他に比すべき史料がないほど詳細である。光秀の人となりを探るうえで欠くことのできない史料となっている。通説による光秀像とは相反するような記述だが、むしろ良質な邦文献から窺える光秀像と似通っており、史料的価値の高さが分かる。本能寺の急襲にも触れており、臨場感溢れる筆致が魅力的である。

本能寺の変のくだりは、ある意味では圧巻である。『信長公記』以外では最も詳細で、具体的である。邦文献にはまったくない記述もあり、どこまでが真実かは分からないが、貴重な史料であることに変わりはない。

『日本史』は本能寺の変後に編纂されていることから、フロイスの信長評はかなり手厳しいものに変化しているが、それでも「きわめて稀に見る優秀な人物であり、非凡の著名な司令官《カピタン》として、大いなる賢明さをもって天下《テンカ》を統治した者であった」と高く評価している。

以上、ほんの触りだけをみてきたが、信長に興味を持つ人ならだれでも読んでみたくなる内容が目白押しである。

史料的価値

信長の周囲の情報が満載されているだけではなく、日本人なら気にも留めない些細なことまで、外国人の視点から書き残しており、他に代えがたい史料的価値がある。宗教的な事柄を割り引き、自分たちの存在価値を高めるために、信長から過大な保護を受けていたような記述などに注意を払えば、不可欠な史料ともいえるほど史料的価値は高い。当然ながら、戦国期の論文や研究書にもしばしば引用されている。

おわりに

本書は、信長のことを中心に抜粋していて便利だが、読破すれば、『日本史』そのものをもっと知りたくなるだろう。幸い『日本史』全十二巻は文庫化されているので、手軽に一冊ずつ持ち出して折に触れて読むこともできる。史料的価値が高いので、繰り返し読むにも最適である。

最後に、本書は自信をもって推薦できる一冊である。本書の解説をさせていただいたこと自体が非常に光栄である。改めて編訳者の学恩に感謝したい。

（わだ・やすひろ　戦国史研究家）

ら行

た行

な・は行

ま行

人名索引

あ行

か・さ行

『回想の織田信長　フロイス「日本史」より』中公新書　一九七三年六月刊

編集付記

一、本書は、『回想の織田信長　フロイス「日本史」より』（一〇刷　一九九二年一〇月刊）を底本とし、文庫化したものである。
『信長とフロイス　完訳フロイス日本史2』（中公文庫　二〇〇二年二月）
『安土城と本能寺の変　完訳フロイス日本史3』（中公文庫　二〇〇二年三月）
を参照した。

一、文庫化にあたり、巻末にあった訳注を各章末に移し、新たに人名索引を付した。

一、底本中、明らかな誤植と思われる箇所は訂正し、難読と思われる語にはルビを付した。

一、本文中に今日では不適切と思われる表現も見受けられるが、訳者が故人であること、執筆当時の時代背景と作品の文化的価値に鑑みて、底本のままとした。

中公文庫

回想《かいそう》の織田信長《おだのぶなが》
——フロイス「日本史《にほんし》」より

2020年3月25日　初版発行

著　者　ルイス・フロイス
編　訳　松田《まつだ》 毅一《きいち》
　　　　川崎《かわさき》 桃太《ももた》
発行者　松田 陽三
発行所　中央公論新社
〒100-8152　東京都千代田区大手町1-7-1
電話　販売　03-5299-1730　編集　03-5299-1890
URL http://www.chuko.co.jp/

ＤＴＰ　ハンズ・ミケ
印　刷　三晃印刷
製　本　小泉製本

Published by CHUOKORON-SHINSHA, INC.
Printed in Japan　ISBN978-4-12-206865-0 C1121

各書目の下段の数字はＩＳＢＮコードです。978-4-12が省略してあります。

中公文庫既刊より

S-15-1
完訳フロイス日本史①
将軍義輝の最期および自由都市堺
織田信長篇Ⅰ
ルイス・フロイス
松田毅一
川崎桃太 訳
信長秀吉から庶民まで西欧人が戦国期の日本を描き、現代語訳された初めての日本史。第一巻は信長前史と堺の殷賑を描く。毎日出版文化賞、菊池寛賞受賞。
203578-2

S-15-2
完訳フロイス日本史②
信長とフロイス
織田信長篇Ⅱ
ルイス・フロイス
松田毅一
川崎桃太 訳
フロイスの観察と描写は委曲をつくし、わけても信任厚かった信長の人間像は躍如としている。仏僧との激越な論争や、南蛮寺建立の顚末も興味深い。
203581-2

S-15-3
完訳フロイス日本史③
安土城と本能寺の変
織田信長篇Ⅲ
ルイス・フロイス
松田毅一
川崎桃太 訳
信長の安土築城とセミナリオの建設、荒木一族の処刑と本能寺での信長の劇的な死、細川ガラシア・名医曲直瀬道三の改宗等、戦国史での重要事件を描く。
203582-9

S-15-4
完訳フロイス日本史④
秀吉の天下統一と高山右近の追放
豊臣秀吉篇Ⅰ
ルイス・フロイス
松田毅一
川崎桃太 訳
大坂築城がなりバテレン一行を接見する秀吉と城内の様相を臨場感豊かに描く。諸国征伐を終えた秀吉は、高山右近を追放し、キリシタン禁教令を布く。
203583-6

S-15-5
完訳フロイス日本史⑤
「暴君」秀吉の野望
豊臣秀吉篇Ⅱ
ルイス・フロイス
松田毅一
川崎桃太 訳
後陽成天皇の聚楽行幸、遣欧使節の謁見、小田原北条氏征伐など、全盛期の秀吉を描く。天下人となった「暴君」秀吉の野望はついに朝鮮侵寇に至る。
203584-3

S-15-6
完訳フロイス日本史⑥
ザビエルの来日と初期の布教活動
大友宗麟篇Ⅰ
ルイス・フロイス
松田毅一
川崎桃太 訳
弥次郎との邂逅に始まるザビエル来朝の経緯や、布教の拠点が山口から宗麟の豊後に移る様子を取り上げる。草創期のキリシタンと宗麟の周辺を描く。
203585-0

S-15-7
完訳フロイス日本史⑦
宗麟の改宗と島津侵攻
大友宗麟篇Ⅱ
ルイス・フロイス
松田毅一
川崎桃太 訳
フランシスコの教名で改宗した大友宗麟は、キリシタンの理想郷建設を夢みて日向に進出。しかし、耳川の合戦で島津軍に敗れ、宗麟は豊後にもどる。
203586-7

S-15-8
完訳フロイス日本史⑧
宗麟の死と嫡子吉統の背教
大友宗麟篇Ⅲ
ルイス・フロイス
松田毅一
川崎桃太 訳
島津軍に敗れた大友宗麟は、関白秀吉に援軍を請い、キリシタン宗門も豊後を追われる。国主宗麟の死後、嫡子吉統は棄教し、キリシタンを迫害する。
203587-4

S-15-9
完訳フロイス日本史⑨
島原・五島・天草・長崎布教の苦難
大村純忠・有馬晴信篇Ⅰ
ルイス・フロイス
松田毅一
川崎桃太 訳
フロイスが横瀬浦で日本での布教の第一歩を踏み出してから後、十年余りの五島列島・島原・天草における布教、及び長崎の開港、有馬義貞の改宗を描く。
203588-1

S-15-10
完訳フロイス日本史⑩
大村・竜造寺の戦いと有馬晴信の改宗
大村純忠・有馬晴信篇Ⅱ
ルイス・フロイス
松田毅一
川崎桃太 訳
西国諸侯の改宗相次ぐ中、佐賀の竜造寺隆信の軍勢が島原に侵攻。島津の援兵を得た有馬軍は宗門の命運を賭した死闘のすえにこれを潰滅させる。
203589-8

S-15-11
完訳フロイス日本史⑪
黒田官兵衛の改宗と少年使節の帰国
大村純忠・有馬晴信篇Ⅲ
ルイス・フロイス
松田毅一
川崎桃太 訳
黒田官兵衛の改宗、関白秀吉の九州征伐やバテレン追放令、大村純忠・大友宗麟・コエリュ師の死去など、重大事件があいつぎ、西九州は動揺する。
203590-4

S-15-12
完訳フロイス日本史⑫
キリシタン弾圧と信仰の決意
大村純忠・有馬晴信篇Ⅳ
ルイス・フロイス
松田毅一
川崎桃太 訳
弾圧と迫害の中、着実にしかも強固に信仰の広がりを見せる天草・島原のキリシタンや、日本人初のイエズス会員ロレンソを描く。キリシタン年表付。
203591-1

か-70-1
フロイスの見た戦国日本
川崎桃太
フロイスの『日本史』のダイジェスト版。信長、秀吉を始めとする人物論を中心に、風俗、文化、芸術等をテーマとした記述を抜き出し、簡潔な解説を付けた。
204655-9

か-70-2
続・フロイスの見た戦国日本
川崎桃太
フロイスの大著『日本史』の欠落部分を発見するまでの苦労に加えて、織豊期日本の事件・風俗等と布教のエピソードを抜き出して、簡潔な解説を加える。
205733-3

S-2-1
日本の歴史1 神話から歴史へ
井上光貞
謎にみちた日本民族の生成を神話学・歴史学・考古学など諸学の成果によって解明し、日本の歴史の夜明けを描く。巻末に森浩一「四十年のちのあとがき」を付す。
204547-7

各書目の下段の数字はISBNコードです。978－4－12が省略してあります。

S-2-2
日本の歴史2 古代国家の成立
直木孝次郎
聖徳太子から天智・天武天皇をへて持統女帝にいたる波瀾と激動の百年。ここに強力な古代国家が形成される。素朴雄渾な万葉の時代を活写する。〈解説〉直木孝次郎
204387-9

S-2-3
日本の歴史3 奈良の都
青木和夫
古代国家の到達した一つの展望台。律令制度はほぼ整い、国富は集中されて華麗な奈良の都が出現する。大仏開眼、古事記が誕生した絢爛たる時代。〈解説〉丸山裕美子
204401-2

S-2-4
日本の歴史4 平安京
北山茂夫
坂上田村麻呂の蝦夷平定後、平安京の建設が始まる。律令国家没落の傾斜は深まり、将門の乱をへて摂関藤原氏の全盛時代へと移る経過をさぐる。〈解説〉佐藤宗諄
204411-1

S-2-5
日本の歴史5 王朝の貴族
土田直鎮
「望月の欠けたることなき」栄華の絶頂をきわめた藤原道長の生涯を辿りながら、平安貴族の姿を浮彫りにし、摂関時代独特の社会を明らかにする。〈解説〉倉本一宏
204425-8

S-2-6
日本の歴史6 武士の登場
竹内理三
平安末期、東西の辺地から登場した武士たちは、都の貴族にかわって平氏政権をうちたてる。驕れる清盛死してやがて壇ノ浦合戦に至る波瀾の時代。〈解説〉入間田宣夫
204438-8

S-2-7
日本の歴史7 鎌倉幕府
石井進
源頼朝、鎌倉幕府を開く。まったく新しい武家政権の誕生である。守護地頭の新制度、堅い結束と目まぐるしい離反抗争等、鎌倉武士の息吹を伝える。〈解説〉五味文彦
204455-5

S-2-8
日本の歴史8 蒙古襲来
黒田俊雄
蒙古襲来をからくも避けた中世日本は、その余波にゆさぶられ、新体制をめざす公家・武家・農民の三つ巴の活動に覆われ、来るべき動乱を予告する。〈解説〉海津一朗
204466-1

S-2-9
日本の歴史9 南北朝の動乱
佐藤進一
建武の新政ののち、日本全国を捲きこんだ動乱の六十年を詳細にたどる。足利尊氏・直義、南朝三党の争いきわまり、義満の国内統一が山となる。〈解説〉森 茂暁
204481-4

S-2-10
日本の歴史10 下剋上の時代
永原 慶二
足利幕府の力弱く、暗殺、一揆、叛乱、飢饉がうち続き、ついに応仁の乱に突入する。下剋上の風潮地をおおい、乱世のきわみといえる時代の姿。〈解説〉永原慶二
204495-1

S-2-11
日本の歴史11 戦国大名
杉 山 博
全国に割拠し、非情なまでの権謀術数を用いて互いに攻め合い殺し合う戦国の武将。われこそは天下に号令せんと角逐する人々を生き生きと描く。〈解説〉稲葉継陽
204508-8

S-2-12
日本の歴史12 天下一統《いっとう》
林屋辰三郎
最初に天下統一をなしとげた織田信長、さらに大きな規模でそれを継いだ豊臣秀吉。二人の覇者が生きた安土桃山時代の絢爛たる様相を描く。〈解説〉川嶋將生
204522-4

S-2-13
日本の歴史13 江戸開府
辻 達 也
関ヶ原の戦いに勝って江戸に幕府を開いた家康は、巧妙な大名統制策をとって長期政権の基を築き、三百年の支配体制を固めてゆく。〈解説〉根岸茂夫
204574-3

S-2-14
日本の歴史14 鎖国
岩生 成一
ポルトガル船の渡来によって世界史に登場したジパング。南蛮貿易や海外の日本人町は発展してゆくが、切支丹の禁圧とともに鎖国への道をたどる。〈解説〉池内 敏
204589-7

S-2-15
日本の歴史15 大名と百姓
佐々木潤之介
「百姓は生かさず殺さず」といわれた農民の生活と、幕藩体制ができあがってゆく過程を、各地のさまざまな事件や、大名との関係を通して明らかにする。〈解説〉青木美智男
204604-7

S-2-16
日本の歴史16 元禄時代
児玉 幸多
江戸幕府の体制が固まり、もっとも平穏な日々がつづく。町々は活気をおび、江戸八百八町を中心とする華やかな元禄文化が花開く。〈解説〉大石 学
204619-1

S-2-17
日本の歴史17 町人の実力
奈良本辰也
江戸開府後百年、幕府は改革を迫られる時期を迎えた。士農工商とはいえその裏には次第に勢力を伸ばしてきた町人の力が無視できぬ存在となっていた。〈解説〉杉森哲也
204628-3

各書目の下段の数字はISBNコードです。978－4－12が省略してあります。

S-2-18
日本の歴史18 幕藩制の苦悶
北島正元
酸鼻を極めた天明の大飢饉を皮切りに、農村・都市を通じての動揺は一段と激しくなる。幕府も諸藩も必死だが、崩れゆく封建制は如何ともできない。〈解説〉藤田　覚
204638-2

S-2-19
日本の歴史19 開国と攘夷
小西四郎
ペリー来航の圧力の前に風雲急を告げる幕末。開国とともに、激しくゆれる幕藩体制。尊王か佐幕か、抗争渦まく変革期の人間群像をいきいきと描く。〈解説〉保谷　徹
204645-0

S-2-20
日本の歴史20 明治維新
井上　清
息づまるような緊迫の連続のうちに維新の大事業が生彩あふれる人間群像によって着々と進行する。明治政府ここに成り、近代日本の夜明けを迎える。〈解説〉松尾正人
204674-0

S-2-21
日本の歴史21 近代国家の出発
色川大吉
明治とともに一大躍進がはじまる。この偉大な建設の時代を全力で生きた先人たちの苦悩と行動を、中央・地方を問わず民衆の最基底部から見つめる。〈解説〉江井秀雄
204692-4

S-2-22
日本の歴史22 大日本帝国の試煉
隅谷三喜男
日清・日露、二つの戦争に勝って世界を驚かせ、列強の仲間入りをした大日本帝国は、その胎内に様々な矛盾をはらみつつ明治の幕を閉じる。〈解説〉尾高煌之助
204703-7

S-2-23
日本の歴史23 大正デモクラシー
今井清一
第一次世界大戦の戦争景気で未曾有の繁栄を迎え、太平ムードが世の中をおおう。大正時代の独特な姿を硬軟さまざまの面から掘りさげる。〈解説〉大門正克
204717-4

S-2-24
日本の歴史24 ファシズムへの道
大内　力
昭和は金融恐慌で幕をあけた。不況は深まり階級闘争は激化する。満州事変に始まる日本の大陸進出は着々歩を固め、軍部はますます強大になってゆく。〈解説〉柴垣和夫
204729-7

S-2-25
日本の歴史25 太平洋戦争
林　茂
総力戦の名のもとに、すべての日本人が戦争にかりたてられ、国土は戦火に焼かれた。その厳しい戦争体験を詳しく描きふれつつ戦争の原因を追究する。〈解説〉佐々木隆
204742-6